CUENTOS DEL ABUELO

El nieto de don quijote

© El nieto de don quijote
ISBN: 978-1-4466-1618-5

FEBRERO 2011

INDICE

EL DEFECTO

(CUENTO)

Pocas veces la naturaleza crea un ser completo y menos si este es humano. Yo, fui víctima de uno de sus defectos y por poco me cuesta la vida. Desde mi más tierna edad, empecé a sentir el amor, pero lo que sentía dentro de mí no era corriente; ya qué por el más recóndito pensamiento amoroso se me des bordaban todas las pasiones que por amor existen; convirtiendo en tortuosos ríos, la más insignificante de mis venas. ¡Con tanta esfuerza se movía la sangre, dentro de mi corazón, que en muchos momentos no podía ni respirar!

Cuando sólo contaba quince años, sentí un dulce arrullo, en la fibra más sensible de mi delicada alma. La causa: los ojos negros más bonitos que había visto en mi vida. Correspondían a una morena, pequeña, gruesa, pero dulce y sencilla. Como mi corazón, fue el primero en descubrirla y no conocía lo que los hombres llamamos línea..., quedó de ella prendado, con tantísima fuerza, que mi madre llegó a creer, que me alimentaba con el aire, por lo poco que comía.

Mi alma, que era capaz de amar un corazón más duro que una piedra, le faltaba valor para manifestarlo. Esta era la pura verdad. El amor entraba en mí con tanta fuerza que, con su poderosa inercia, me hacía ir detrás de la persona amada, sin más esfuerzo que mi propia inclinación.

Luego, una vez junto a ella, empezaba apoderarse de mi una extraña fuerza, reduciéndome y haciéndome apocado, hasta extremos de quedarme mudo, llegando a temblar. De aquella sarta de frases bonitas, seleccionadas por mi alma, guardadas en mi corazón, no quedaba nada más que un silencio desesperante entre los dos. Lo que debía de ser mi arrogante y gallarda compostura ante ella, solo era un hombre ridículo y más que un hombre, parecía un fantoche.

Fueron muchas, las mujeres amadas. Micorazón, por su debilidad, resultaba ser un pedazo de pan tierno para ellas. Tenía esa virtud, la de querer y querer, sin discriminaciones. Nunca solía idealizarlas, sino amar y a mar. Sentía la imperiosa necesidad de adorarlas. Yo, dejaba a mi corazón que se despachara a su gusto. ¡Qué maravilloso, hubiese sido para mí, haber podido ser novio de todas, ya que para todas tenía amor!

Recuerdo, una de las que más llegué amar y sé, positivamente, que ella a mí también me amaba. Lo hacía con recelo, con ese recelo que acostumbran hacerlo las mujeres, antes de ser arrastradas por la pasión.

Una noche oscura, ante mi pasividad, por tantos sitios, "estratégicos", como me llevó, para cerciorarse bien de que era un estúpido. Le era inútil casarse con un hombre, al cual le ponían la fruta al alcance de su mano y, por vergüenza, no se atrevía acogerla para llevársela a la boca y saborearla; como es costumbre en estos casos. Entristecida y a la vez decepcionada, por mi cobarde actitud me dijo; en un arrebato de ira "calamidad, eres una calamidad" No le respondí, porque supe, con dolor, reconocer que me lo merecía.

Nadie puede comprender, lo amargo que es el fracaso, en estos términos, sino lo ha padecido en su propia carne. La boca se seca y se seca de tal forma, que no puede mover la lengua dentro, ni pronunciar palabra alguna, ni hacer nada práctico con ella, por tenerla pegada al paladar y tan rígida como si estuviese muerta. ¡Qué amarga, suele ser, es la separación, de la mujer amada, tras el fracaso!

Así fue, como se fueron pasando los años. El hombre que había dejado pequeño, a Bécquer, en sensibilidad, se estaba ahogando con su propio amor; por no haberlo podido expresar, como lo sentía. "¿Qué culpa tengo, me preguntaba, si adolezco de este defecto? ¿Acaso no me hubiera gustado estar libre de él, para conquistar la mujer más linda del mundo, teniéndola bajo mi protección?" Pues claro, pero como no era así... Ante mi incapacidad, para conquistar una mujer, empecé a mal decirme; cogiendo la fea costumbre de hacerlo a todas horas, sin ningún reparo por mi parte. Cada día que pasaba, me odiaba más, y la resolución de quitarme la vida iba entrando, en mi decaído ánimo, con tanta fuerza que llegué a pensar como lo debía de hacer, para que resultase más espectacular.

No encontré, la fórmula deseada, y esto unido a que no era un cobarde, como había demostrado infinidad de veces, fueron las causas de ir prolongando mi vida, auque lo hiciera contra mi voluntad.

Un día de los que más hundido me hallaba, porque sobre mi cabeza tenía una continua pesadez y unas ganar locas de morirme: razonaba de una manera delirante, aunque con una pereza nunca acostumbrada; me torturaba pensando. "Si encontrase una mujer..., que se dejase querer poco a poco, para que pueda ir reaccionando..., puede que aún no sea tarde y..., con un poco ayuda por su parte..., puedo darle, a mis sentimientos, el empujoncito que necesitan, para su salida al exterior de mi corazón y..., una vez puesta la primera piedra, todo puede ser más fácil pudiendo hacer, mi edificio amoroso, con relativa facilidad, ya que de buenos materiales sentimentales estoy sobrado"

Todos aquellos pensamientos, eran puras conjeturas, por que de mis fracasos, había aprendido a conocer a las mujeres y sabía que es más la maldad que busca que el amor que siente, (en un principio), de ahí todos mis fracasos. Aunque reconozco que fui un ser débil, sobre las cosas del amor; no queriendo buscar disculpas de ninguna clase para justificarme, ya que tengo la suficiente hombría para admitirlo. También he de decir, a mi favor, lo noble y recto que era mi pensamiento, para con las mujeres, porque a pasar de mi incapacidad, para declarar mi amor por miedo, ¿no valía más, con mi noble sentir, que cualquier de esos fanfarrones, embusteros y cínicos que tanto se prodigan? Claro, y quedó demostrado cuando una mujer se quiso dignar aceptarme como su compañero.

Todo parecía darse la mano, para terminar con mi existencia, una existencia que ya estaba en decadencia, por tantas noches lúgubres y tristes como se habían ido amontonado sobre mi decaído ánimo.

Menos mal que una madrugada, del mes de agosto, cuando estaba sentado en el banco de un jardín público; esperando que saliese la luna, bajara y me tragase, igual que hizo con el leñador de la fábula. Silenciosa, como una sombra pasó, ante mis ojos, la mujer que más tarde debía de ser mi salvación amorosa. Al verme, tan triste y solitario, se acercó y guiñándome un ojo, me musitó al oído algo que necesitaba y que nadie me había dicho anteriormente. Me dijo "caprichito". ¿Yo, caprichito?. Sí, soy aborrecible, dije para mi capote. A pesar de todo, me gustó aquel piropo.

Así fue como empezó, entre los dos, lo que más adelante sería nuestro idilio. Por primera vez, desde hacía muchos años, me encontraba alegre y era feliz. Sentía como se me hinchaba el pecho de placer, de un placer sano como la propia salud. ¡Qué maravilloso es amar y ser amado!

Se fueron pasando los días y nuestras relaciones si iban estrechando más y más. Sin darnos cuenta, estábamos construyendo, con nuestro cariño, uno de los más hermosos romances de la historia. Pocas veces alcanza una mujer momentos tan brillantes, (amorosamente hablando), como los alcanzados por ella, hacía mi persona.

Nuestro amor, a pesar de los muchos inconvenientes, que tuvo que salvar, llegó a ser una realidad. Por esta razón, había llegado el momento de saltar al ruedo, como vulgarmente se suele decir. Habíamos decidido casarnos y se lo iba a comunicar a mis padres. Cuando conocieron, que era una prostituta, casi me matan por la noticia. Antes de haber terminado de explicarles mis futuros planes amorosos, ya se habían levantado los dos de un salto, con la misma rapidez que suelen hacer las máquinas automáticas. Saltaron sobre mí, con tanto denuedo que, si no llego a ser joven y fuerte, no sé que hubiese sucedido. Se abalanzaron sobre mí, que de no haber sido joven y fuerte, no sé que hubiese sucedido. Me amenazaron, me insultaron y me pusieron de patitas en la calle. Si hubiese cometido un crimen, no le hubiese sorprendido tanto, como aquella boda anunciada. Mis padres, conocían lo deprimido que me encontraba y un crimen, en ese estado de ánimo hubiese sido posible. En cambió, aquella boda, les había dejado sin respiración. No era menester perder el tiempo pensando que mis padres iban a ceder en estas circunstancias tan particulares. Creer eso, es creer que las personas llegaran a ser justas algún día. Cuando lo que falla son los seres, inútiles resultan los razonamientos. Por este convencimiento, convencido de que nada ni nadie me haría cambiar mis intenciones, de casarme con mi amada Julia, traspuse, después de dar un fuerte portazo, con una resolución dentro de mi enamorado corazón. Esta resolución ya la había tomado mucho antes. Estaba decidido marcharme, donde nadie me pudiera conocer.

Una vez todo lo largo que me pude ir, me casé con una mujer que había sido una puta. No lo hice por que fuera un hombre magnánimo, sino porque no tenía otra salida y me tuve que coger a un clavo ardiendo, para poderme salvar de la muerte que, en mi caso, era segura. Hoy no me pesa, por que desde el día que la conocí hasta hoy, mi vida ha sido y sigue siendo, una existencia llena de felicidad; aunque he de reconocer, que éstas son muy raras las excepciones. Mi mujer, cuando me conoció, estaba asqueada de la vida que llevaba. Esa fue la causa, por lo que vio en mi su salvación, percatándose incluso de lo que no existía;

pero ella necesitaba que así fuera, para poder pagarme el favor que me hacía. ¿Y cómo me lo podía pagar mejor qué con su amor?

Ahora tengo la completa seguridad, que no le harían pecar más ni un camión lleno de conquistadores, pero..., cuando la conocí, eso no la sabía. Me aferré a ella, porque no tenía para elegir y si mucho me dolía su impureza, más me dolía mi soledad.

Luego, el tiempo todo lo cura. Ella no sabe todavía, las razones por las que tanto la quiero. Por qué vio en mí el hombre que supo defenderla a capa y espada; llegando abandonar a mis padres: en cambió, nunca se me ha ocurrido decirle la verdad de mi amor y sino se lo he dicho no ha sido por falta de ocasiones, si no por respecto hacía su persona, porque quiero que esté toda la vida convencida de que la quise y la quiero por ella misma; para que siga siendo el héroe que no existe, pero que ella necesita, para terminar este gran amor, que más que amor ha sido, para los dos, una Bendición del Cielo.

Hace mucho tiempo, que la perdoné. La perdoné para poderla querer como la quiero y poderla adorar como la adoro, por la dicha tan grande que me ha sabido dar.

Después de mi experiencia, me parece a mí, (aunque esté equivocado, ya que todo es posible en esta la vida): que es mejor casarse con una mujer de buen corazón, que haya sido puta, que con una decente, que tenga un mal corazón. Si nos apartamos, de donde nos conocen, (ya que el infierno son los otros, según dijo un filósofo), se puede ser feliz. Claro que para eso se necesita tener mucho valor. FIN

ELENA DE LA MANCHA

(CUENTO)

Cuando una mujer casada y con hijos, vive al ritmo cansino que le marcan los acontecimientos cotidianos, sin emociones nuevas, ni estímulos extras, tan de agradecer, de vez en cuando; por ser una ama de casa, que vive y trabaja en el hogar, dedicada al cuidado de su marido y de sus hijos: por haber elegido, voluntariamente, el oficio de "maruja", al casarse, por amor, con un campesino.

Sus sentimientos, amorosos, se le adormecieron, por la rutina diaria, después de diez años de matrimonio, teniendo, con su esposo, las relaciones sexuales, supeditadas a los deseos de él; que era el que ponía las pautas a seguir, en este menester tan machista. Elena, lo complacía, con devoción, por ser su esposa, sin regatearle las caricias de las que se hacía acreedor, con su correcto comportamiento. Sin ser una mujer feliz, de las de película, tampoco se sentía la reina de las mujeres desgraciadas.

Sucede, con mucha frecuencia, que los acontecimientos cogen un rumbo inesperado, por haber siempre alguien dispuesto a intervenir en las vidas ajenas en beneficio propio. Elena, al ser una mujer hermosa, la mayoría de los hombres, del pequeño

14

pueblo, la persiguieron hasta que se hizo novia formal y se casó. No obstante, todavía quedaba algún recalcitrante que no se había desenamorado y vivía obsesionado de acostase con Elena, costasé lo que costase, qué para eso él era rico.

Éste, despechado, amante, recurrió a la Celestina del pueblo, que por desgracia era vecina de Elena; para conseguir, por su mediación, sus deshonestos fines. Como vivían en el mismo portal, sus relaciones eran las normales; entre personas que se ven todos los días, por la proximidad de sus domicilios. A nadie le extrañaba, que se pasasen horas y horas enteras de chismorreos, sobre sus asuntos y los ajenos; como suele ser costumbre entre las mujeres del pueblo, que les sobra tiempo para poder dedicarlo a tan entretenido, cotorreo.

La mujer, que no haya sufrido, en sus sentimientos, amorosos, la adulación creciente de una alcahueta con hambre añeja, no sabe la que es la presión exagerada, agobiante, con la que remover las pasiones, hibernadas, de una mujer de personalidad incierta. Cuando el arte de embaucar, a un corazón inseguro, alcanza los deseos más intimos, la víctima elegida queda indefensa, ante las fantasías sexuales prometidas, por quien se las ofrece rebozadas de gozos sabrosos sin fin, ni límite impuesto, por las recatadas costumbres en vigor en aquel lugar.

La muy astuta, le propuso, por interés preferente, engatusar, sexualmente, a su indecisa vecina. Todo su quehacer, diario lo dedicaba, para su provecho, en encender las pasiones amorosas, de una principiante en el engaño a terceros, con relatos, eróticos, subidos de tono sexual; para conseguir que soñase despierta con su desesperado amante.

Elena, la ingenua vecina, pronto sintió, por sus ocurrentes chismorreos, un anhelo desmesurado en su desprotegida conciencia. Quedó, la incauta, indefensa ante los infinitos placeres carnales prometidos. Éstos alcanzarían, por las circunstancias extras del engaño, las fibras de su ser inutilizadas, para el gozo salvaje, en su sosegado matrimonio.

Según los testimonios orales, de su particular Celestina, los revolcones secretos, inmorales, hacen ascender los lances sexuales hasta cimas desconocidas, por los indecisos de éstos actos, fuera de las buenas costumbres. ¿Qué alma ardiendo, de pasión amorosa, resiste el envite de los goces prometidos, sin control, no teniendo, tan enloquecidos placeres, un tratamiento razonable?

Los deseos, apresurados, suelen ser dueños del destino de los soñadores de última hora. Cuando un ser indeciso, se propone saborear, sin una línea de demarcación de ninguna clase, los besos, los abrazos y las caricias, de él hombre idealizado, no cabe el recurso sensato de rechazarlo, si hay una obligación contraída con anterioridad. Todas las trabas que hay que vencer no son suficientes, ante el propósito firme de llegar al lugar de los hechos, lo antes posible. Cuándo el deseo manda, apremiado por la impaciencia, de ir en busca del futuro destino; sólo necesita el afectado, por el creciente agobio amoroso, la señal de salida para ponerse en movimiento camino del lugar acordado, previamente, para el encuentro inevitable.

Son de un riesgo desconocido, las decisiones personales, cuando se fundamentan en el egoísmo ciego, de querer disfrutar del cuerpo, sin el control moral establecido, por los compromisos matrimoniales. No respectar las normas, de buena conducta sexual, establecidas, por tener él corazón ardiendo de deseos deshonestos, tienen sus inconvenientes, pero..., quien a perdido el alma, atrapada en la maraña de sus pensamientos obscenos, no cederá hasta llegar a la cumbre de la inmoralidad, con la idea fija de darle al cuerpo el gusto que éste le pide, a gritos sonoros.

Cuándo se le pincha al corazón, con palabras lascivas, éste se altera y pierde el instinto con el que debe obrar; para no caer en la deshonra, perjudicial para él, si fracasa en el frente abierto, desde donde se dispone a actuar a ciegas. Es demasiado arriesgado, jugar con los sentimientos de un marido engañado, por la mujer que él quiere; pudiéndose ofender, si se entera de la traición, de la que es víctima inocente: teniendo todo el derecho, que hay que tener, para darle un escupitinajo en la cara, por haberlo engañado por un capricho, en principio, pasajero.

Una vez ingresó, en el caramanchón, el trigo, la cebada, el centeno, el aceite, el queso, la lana y demás dádivas prometidas, por el desesperado amante, les comunicó, la Celestina, el lugar elegido para la primera cita amorosa. No fue otro, más romántico, que un trigo verde, que ya han brotado las espigas. (En el pueblo, por su pequeñez, esta cita hubiese sido imposible, por la vigilancia, que detrás de los visillos, tenían las mujeres encargadas del mantenimiento de la moral ajena: capaces, de noche y día, de estar en su puesto de observación para evitar, con su presencia en la sombra, cualquier desliz carnal, contrario a las buenas costumbres de aquél honrado lugar)

El campo elegido, para la cumbre amorosa, estaba en la vega, junto al río, siendo el dueño del mismo, el autor de los deseos irrefrenables de apiolar a la descarriada Elena. Nadie que, por casualidad, lo viese entrar en su propiedad, podría sospechar que allí, de ir, quedaría deshonrada de la flor de las mujeres del pueblo. El tener que acudir, el galán ocasional, a la cita acordada, con antelación; sin excusas ni pretextos, si quería quedar como un hombre de palabra, le quito el sueño. La noche anterior a la cita, la pasó despierto. No le fue posible dormir. Los nervios, no aguantaron la presión del inevitable encuentro y se alteró más que la víspera de su propia boda. La sangre, le presionaba el corazón, con una fuerza desacostumbrada y éste le latía a un ritmo superior al normal. Le entró, un hormiguillo, por el cuerpo, que no lo dejó quieto, dando vueltas y revueltas en la cama; debido a las circunstancias, extraordinarias, en las que voluntariamente se había metido.

Tanto madrugó, por la impaciencia, que nadie, por ser de noche todavía, lo pude ver esconderse en el trigal. Para mayor seguridad, éste era tan alto que él. El lugar, concreto, donde esperaría a Elena, era una enorme noguera de su propiedad. Alrededor del tronco, había una calva, donde no había mies, haciendo allí la cama; con una manta que llevaba en el morral y unas matas de trigo que arrancó. Cuando tuvo todo previsto, lo mejor que supo y pudo se echó, en el improvisado lecho, boca arriba, mirando el azul del cielo. Antes había encendido un puro, con el propósito de fumárselo, con la intención de entretener la deseada y agradable espera.

Un corazón, apasionado, si cambia de dueño, aunque sea provisional, pensando en su propio bien, es inútil discutirle los motivos del por qué lo hace; con gozar y sufrir tiene bastante. Todo lo que le sucede, referente al amor, para bien a para mal, es debido a que el corazón carece de normas de conducta razonables. Igual se sube por las paredes amorosas, dando brincos de alegría, cuando le ataca Cupido, con sus flechas afiladas: que se estrella contra el muro de las lamentaciones interiores: cuando no logra el bien que persigue, para cantar y bailar de gozo. Esta fue la causa principal y única, por lo que Elena, con un valor rallando en la locura, con una ceguera creciente, se dispuso acudir a la cita, donde la estaba esperando el hombre que le había trastornado, sentimentalmente, su pacífica vida hogareña; por tener churruscados sus malditas deseos, por qué la alcahueta, con su labia, se los había introducido en su virginal conciencia. Sólo la locura pasajera predispone, a los seres, a cometer desatinos, contrarios a la estable felicidad.

Elena, que era una esposa cariñosa, una madre amantísima, por un torpe capricho sé arriesgaba a perder la dignidad irrecuperable, en su pueblo, de por vida, por un mal pensamiento que había anidado en su subconsciente, deteriorado éste, por culpa de una infernal Celestina.

El no tener, Elena, una personalidad definida, fue el motivo de jugar, con sus sentimientos, a la ruleta rusa de la fortuna amorosa, tan cambiante y desleal con quienes, sin un interés superior, se juega su honra definitiva. Ni sus hijos, ni su marido, merecían un escarmiento tan radical, sin causas justificadas y sin estar preparados para recibirlo con el alma serena. Si su traición, se descubría, los ánimos de sus seres queridos se calentarían tanto que echarían chispas, producidas por la fricción del engaño, en sus desesperados sentimientos, que se amotinarían, teniendo la razón de su parte, que es la que proporciona la energía de las discusiones familiares.

El deseo carnal, mal sujetado por la voluntad, es la fuerza humana más pecadora de todas las conocidas. Un alma, cautiva por la pasión, se hace atrevida por naturaleza. Cuando un sentimiento, como el amoroso, ciego de nacimiento, queda herido, por las promesas de la felicidad desconocida; se pone empalagoso, con el consentimiento del descerebrado corazón; no deteniéndose ante ningún peligro superior, hasta llegar a consumar su deseo, si le es posible.

Horas antes del anhelado encuentro, (una vez su marido se marchó a trabajar en la viña), con agua caliente, que echó en un barreño, se aseo todo el cuerpo, para que oliera a limpio. Quería causar una impresión favorable, empezando por la higiene. El ardor y la fogosidad, de la que era capaz, por el deseo contenido, por los días de espera, ya saldría de su revoltoso cuerpo, cuando se le calentase la sangre, con los inevitables roces carnales.

Se necesita tener, un valor desesperado, para acudir a tan deshonesta cita. Sólo él atolondramiento de su corazón, es capaz de dar un paso en falso, de tan desproporcionadas consecuencias familiares. ¿Es éste el precio, que hemos de pagar los humanos, por tener los sentimientos al margen de los razonables convencionalismos? La ceguera, vista desde dentro del propio ser, no tiene remedio eficaz conocido, que se le pueda aplicar a quien no desea curarse de su mal sentimental. Para esta enfermedad, personal, no valen los eficaces mejunjes conocidos en las farmacias; los rechaza quién está enfermo del desesperado mal de amores.

Elena, necesitó un poco ropa, en una espuerta, para dirigirse al río para lavarla. De la vereda al río, había una senda, que cruzaba el trigo, cerca de la noguera, donde estaba esperando, quien ella sabía; desde las altas horas de la madrugada. Con una determinación, desacostumbrada, en una persona que va a pecar contra su honra, se dirigió, presurosa, camino de su perdición. Iba decidida, deseando recibir, de su idolatrado amante, un contundente revolcón. La ceguera, imbuida, por su Celestina particular, había logrado estropearle su deficiente entendimiento amoroso; llegando a obsesionarse, con los rumbosos placeres carnales dibujados, con palabras mal sonantes, que machaconamente, se las fue introduciendo, gota a gota, en la circulación de su sangre, con la mala intención de que no encontrase cura médica.

Salió de su casa, tan precipitada, por la emoción que le embargaba todo su ser y no sé percató, que su hijo pequeño, con cuatro años, cuando vio que su madre se iba a lavar la ropa, la siguió a distancia, descalzo y medio desnudo. Elena, cuando dejó la vereda, para coger la senda que iba al río, pasando cerca del nogal, (donde la estaba esperando, desde pintar el día, su enamorado amante); el niño, al perderla de vista, echó a correr y se puso a llorar. Justo cuando, la alegre enamorada, había llegado frente al surco que la conduciría al lecho de la mies; oyó el triste llanto de un niño, que llegaba corriendo, y le había parecido que fuera el pequeño suyo. Por prudencia, se detuvo a esperar que llegase aquél chiquitín, que venía asustado. Estaba cerca, pero la senda, que en su trazado tenía muchos recovecos, no lo pudo ver hasta llagar a su presencia, debido a que el trigo era muy alto. No se puede explicar, con los adjetivos conocidos, las palabras, malsonantes, que pronuncio, por el vuelco que le dio el corazón, cuando vio cerca de su pequeño del alma.

Se irritó tanto, por haberle estropeado su añorada cita amorosa, que en aquel momento, de frustración, lo hubiese estrangulado, con sus propias manos, como una Medea cualquiera. En caliente, cualquier disparate es posible que hagan las alimañas humanas.

Los esfuerzos, que tuvo que hacer, para concienciarse a sí misma, si le convenía o no de revolcarse con otro hombre, fuera del matrimonio: para que luego, sin previo aviso, el mocoso de su hijo, le estropeara el plan trazado con tantas dificultades estratégicas. Esta fue la causa, por la que le dio un arrebato, perdiendo el juicio, momentáneamente: se quitó una alpargata, estampándosela en su tierno el culo, infinidad de veces; habiendo logrado ponérselo mas colorado que un tomate, de los muchos alpargatazos que le propino. Las maldiciones que le echó, y los gritos que le daba, llegaron a los oídos de su cómplice amante, comprendiendo que el "filete" que se pensaba dar, con la fiera de los gritos, se le había ido hacer leches, por culpa de la improvisación de su amada Elena.

¡Cuántos alpargatazos no le daría, a la pobre criatura, que corrió el riesgo de que se le pudiera en cangrenar el culo, por las heridas tan profundas que le ocasionó! Al llegar al río, con el niño llorando a lágrima viva, las mujeres que había allí le afearon su salvaje conducta, Incluso hubo una, después de verle el culo al niño, (que llevaba desnudo esa parte del cuerpo) la llamó asesina, por qué a un niño, de tan corta edad, no se le debía de maltratar, como lo había hecho, con su propio hijo. De no haber sido suyo, igual lo hubiese matado...

A Elena, no le quedó otro remedio que ponerse a llorar, amargamente; por la paliza tan salvaje que le había propinado, sin ser ella consciente de sus actos y, arrepentida, de corazón, de lo que hizo. Procedió, con tanta rabia y vigor, por haberle estropeado la cita, cuando estaba a punto de consumarla. Jamás, en su vida, le había dado ni un solo cachete a su hijo. Era, siendo esto verdad, el más querido de la casa, recibiendo, de su parte, todos los mimos y caprichos de que era capaz. Tuvo la maldita casualidad de fastidiarle aquella añoraba cita y sé enfureció, perdiendo el juicio, desfogando con el muchacho, por no haberlo podido hacerlo con nadie mejor y considerarlo culpable de su fracaso.

Elena, al poco de llegar al río, se le pasó el disgusto que había cogido un poco antes. El helor del agua, le debió hacer recapacitar, de lo ciega que había estado, por enamorarse, en tan malas condiciones sociales para su futuro. Las lágrimas, les resbalaban por sus sonrojadas mejillas; no por la somanta de palos que le había propinado a su inocente hijo. Sus heridas, tenían fácil cura. Unos paños de agua caliente, empapados en vinagre, serían suficientes para que su culito quedase como nuevo.

Las lágrimas, sentidas, que brotaban de sus rutilantes ojazos, se debían a que por fin se había percatado de la barrabasada que hubiese cometido, contra su familia en pleno, donde el honor lo era todo. Su marido, no hubiese podido soportar, la humillación de las murmuraciones, intencionadas, sobre sus cuernos; haciéndolo todos los que se alegraran de su deshonra, por haberse casado, sin merecerla, con la mujer más guapa del lugar. Nunca le perdonaron, los envidiosos, que la llevase al altar, por los pocos méritos que tenía para merecerla. A sus hijos, desde bien pequeños, los demás niños, con su inocente crueldad, les llamarían, sin recato, hijos de puta, la peor ofensa que se le puede decir a una madre. La mujer más querida, de todas las mujeres del mundo, es la madre de cada uno.

A su padre, el pobre, enfermo de diabetes, le hubiese costado la vida; siendo un hombre de bien, que en el pueblo lo tenían como un ser honorable y justo; respetado, por su intachable comportamiento con sus paisanos. A sus años, este disgusto, inesperado, traicionero, maldito, le hubiese costado la poca vida que le quedaba. No soportaría, que hablasen mal de su querida hija, que él la tenía en un pedestal: prefiriendo morir mil veces seguidas, de ser esto posible, antes de tener que hacerlo entre maledicencias intencionadas, de quienes no perdonan los errores ajenos.

De su madre, mejor es no decir nada. Cuando una hija se pierde, por una asquerosa pasión amorosa, por un deseo reprimido, quien más se hubiese mortificado, por comprenderla, esa sería su propia madre; que sabe, por ser mujer, lo feroces que sus los malos pensamientos sexuales; cuando éstos le achuchan al corazón para que se vuelva loco y acepte las condiciones que le ponen las circunstancias adversas a su condición de víctima. El alma, se le desgarraba, al pensar que, su hija, sería odiada por sus seres queridos. Ella, estaba preparada, por conocer el alma femenina, a perdonarle lo que hiciera falta, como suele ser costumbre entre las madres de verdad. Sus suegros, cuñados y demás familia de su marido, hubiesen quedado estigmatizados sí a Elena, su hijo, no la salva en el última instante. De haber sucumbido al envite, que le habían preparado, su infernal vecina y su rendido amante: perdiendo (por un simple acaloramiento sexual, de haber caído en el cepo que le había tendido), el amor verdadero de todos sus seres queridos, siendo cada uno de ellos, para Elena, más importante que todos los guarros juntos, que hubiese podido conocer, de haber abandonado la buena cos-tumbre de dormir en casa con su marido.

Un grado de locura, superior, se debe de intro-ducir en las almas humanas, cuando sabiendo, como se termina de mal, los amores relacionados con el adulterio; siempre suele haber mujeres que tropiezan con tan conocida piedra de escándalo. El hombre, por ser de inferior calidad el amor, que el resto de la familia le profesa, su engaño tiene menor repercusión a la hora de enjuiciar sus hechos. El grado de irritación de los engañados, se suelen comparar con el peso específico que cada cual tiene reservado en el corazón del perjudicado. Para un hijo, no es igual que sea su padre un golfo, que si lo es su madre. Al padre, se suele querer, por regla general, cien veces menos que a la madre, siendo cien veces menos el dolor que causa su infidelidad.

Todas las cosas, tienen una repercusión, en nuestros sentimientos, equivalente al mal que nos proporcionan. Este hecho, de axiomas eternos, se debe a que son las mujeres, los seres más queridos de la creación; (por los hombres que no las desean, sexualmente, con malas intenciones), nos suele doler muchísimo su prostitución. Sólo los chulos, que viven a cuenta de su desgracia, se alegran de su perdición y esto lo hacen por qué son unos mal nacidos.

Elena, mientras seguía llorando sin parar, por los motivos conocidos, pensaba sin descanso y recordaba, con escalofrío, el trágico final que tuvieron las mujeres, que ella había conocido; por no haber podido aguantar la presión que se desató en sus débiles corazones enamorados y cedieron su honra, sin contraprestaciones ulteriores, terminando las dos, en el lugar reservado, antiguamente, a esta clase de desastres personales. Una estaba casada, y se tiró a un pozo, donde se ahogó. La soltera, abandonó el pueblo, para ejercer el oficio más viejo del mundo; falleciendo joven, debido a las enfermedades venéreas que le contagiaron sus podridos clientes.

Elena, entre llanto y llanto, se propuso ser la mujer más fiel del mundo, defendiendo su honra, con uñas y dientes, por a sí merecerlo su marido y sus hijos. El susto, que se había llevado, fue tan grande, que se le encogió el alma al pensar, que le hubiese podido suceder, si, todavía estuviese fornicando, a la sombra de la noguera. Hace falta tener los sentidos embotados, por la ciega pasión, para no haberse dado cuenta del lío, en que se habría metido, de haberse consumado su traición. Si hubiese llegado, como era firme su propósito, de haber entregado su honra (y llegan sus convecinos a conocer su infidelidad) su vida, en aquel instante, se hubiese convertido en un irresistible infierno personal.

Sin reponerse del susto, tendió la ropa, que había terminado de lavar, en unos juncos. Mientras ésta se secaba, al sol de mayo, cogió a su hijo en sus brazos y se entretuvo en "comérselo" a besos. La suciedad que tenía en la cara, por lo mucho que había llorado por la paliza, se la limpió su madre por los muchos besos que le dio. El corazón, se le deshacía, de amor hacia su niño, por haberla librado de su segura ruina moral. Si no llega a ser por él, su determinación estaba decidida, desde muchos meses atrás; cuando le propusieron ser la mujer más feliz del mundo, de haber caído en los brazos de aquel hombre, que decía quererla más que a su vida, que llevaba veinte años esperando aquella oportunidad, para demostrarle el amor que por Elena sentía. Lo tenía retenido, desde el día que se fijó, siendo una jovencita, como los pechos le crecían, empezándoles a sobresalir la punta de sus pezones, como dos pequeños cuernos. Desde aquel día vivió obsesionado, por el amor de Elena, llegando a sufrir, una profunda de presión, cuando ella se hizo novia; terminando, años después, en un terrible mal de amores, cuando se casó con su querido novio. Desde entonces, no dejó de perseguirla, procurando la forma y la manera de poder gozarla como fuese, habiendo estado, por persistente, bien cerca de haberla conseguido. Sólo la fatalidad, por el momento, le dio otra vez de lado.

Elena, no había ido, de verdad, a lavar la ropa al río; siendo éste el pretexto que puso, para ir a revolcarse en el trigo con su amante. Esta fue la causa, de que terminase de lavar mucho antes que el resto de las mujeres. Se entretuvo, para despistar, que acabasen las lavanderas, para volver al pueblo en su compañía. Tenía miedo, a regresar sola, con su hijo, por la senda, por tener que pasar cerca de la noguera, por si estaba esperándola, quien ella sabía; pudiendo haber salido a su encuentro, sin saber la actitud que tomaría por haber faltado a la cita prevista.

Causa ansiedad vivir, entre dos fuegos intensos. Por un lado estaba su honra y por otro su contumaz deseo de conocer, personalmente, el dulce placer del amor extra-conyugal. Como por fin se había propuesto ser decente, hasta la muerte, el gozo sexual le dejaría, para la otra vida de haberla..., terminando con la disputa interna, de un golpe seco y duro, para que le doliese menos, como había previsto unas horas antes.

Cuando todas, las mujeres, tuvieron la ropa seca, la recogieron y se marcharon al pueblo hablado de sus cosas, sin sospechar nada referente a la cita secreta de Elena. Ésta, al pasar frente a la Noguera, no quiso hacerle, a su amante, un corte de mangas simbólico, como se merecía, por haberla engatusado en provecho propio. Ni se detuvo en mirar las altas ramas del nogal, que se veían por encima del trigo; decidida como iba a ser, en un futuro próximo, la mujer que siempre había deseado, una buena esposa y una mejor madre.

Hoy, en la actualidad, (cuando escribo este relato) Elena, tiene sesenta y nueve años, su esposo, que también vive, ochenta y tres. Sus cuatro hijos se casaron hace años: tiene once nietos y cuatro biznietos. La Celestina, hace años que murió. Juan, el amante, también lo hizo, en un desgraciado accidente de caza. La "abuela, Elena, gracias a Dios, no llegó nunca a desnudarse, por capricho, delante de otro hombre que no fuera su marido, sintiéndose orgullosa de haber superado con éxito, la descomunal calentura amorosa que le entró, por la cizaña de una pobre mujer con hambre añeja...

FIN

EL POBRE JUAN

CUENTO

Al pobre Juan le entró, por sus vísceras enfermas de tristeza rancia, una angustia infinita, que le desbarató sus caducados sentimientos, de no utilizarlos, con regularidad; desde el día que perdió la ilusión de vivir como Dios manda. Se le habían invernado los anhelos, por falta de usarlos. Con esfuerzo, por la tristeza que le estrujaba el alma desde dentro: se entretuvo en recordar su inútil vida y le sobrevino un descuajo, en su derrumbado corazón, que le hizo arrepentirse de haber nacido sin suerte.

Sus ánimos, quebrantados por sus infinitas desdichas, los tenía por debajo de la raya de flotación humana, que hace qué las personas sé alegren de vivir los días que les queda. Con la moral enterrada en el infierno de la incertidumbre, no se puede concebir la vida, pensando en el mañana, cuando se conoce, por anticipado el ayer, siendo éste su referencia.

Juan, tenía sesenta y dos años, (sin ningún familiar principal a quien acudir a pedirle socorro), sin dinero, sin trabajo y medio enfermo. ¿Qué porvenir le esperaba, si cada día qué pasase se debía de encontrar más viejo, con menos recursos físificos con los que ganarse la vida, con su esfuerzo, su honradez, en una sociedad tan deshumanizada como la actual?

Su verdadero negocio, estaba en desaparecer, de este mundo cruel, lo antes posible, sin dejar rastro, como si nunca hubiese existido. Cuándo la pena recorre todo el cuerpo y se gangrena, haciendo un hoyo profundo en medio del corazón de un ser infortunado, es un error querer llenarlo con falsas promesas sin porvenir fiable.

A la esperanza, le había echado infinidad de sermones piadosos y rezos cabales. Ésta nunca le respondió, con un rotundo sí, que le hubiese animado sus sinceras ansias de vivir en paz con sus razones. ¿Qué sería de Juan, y los de su calaña espiritual, sí con la compasión, del afectado: las penas se marchasen cantando, de quienes las contraen sin su consentimiento? La vida, cambiaría su oscuro decorado y cada cual elegiría la del color de sus preferencias personales; programando la felicidad de acuerdo con sus deseos de disfrutarla.

Al ser la propuesta anterior, un espejismo, de los soñadores; no suele dar los resultados concretos, por ser una falsa alegría, destinada a los infieles sin causa. Juan, con su profundo decaimiento interior no lograba, para su bien, animarse para disputar, en buena forma, los últimos días de su desgraciada vida; alargándola hasta que llegase la hora suprema de enfrentarse, cara a cara, con la bendita muerte natural; con la alegría de quien la lleva esperando, fervorosamente, una parte importante de su vida, para abrazarla con el amor infinito que lo hacen los eternos desesperados de esta asquerosa existencia.

Se necesita, estar muy seguros de sus actos, para ponerle fecha al día de su trágica muerte. Temía que cualquier imprevisto, pudiera retrasarle su glorioso acontecimiento, alargando su desesperación, con la catastrófica espera, con el consiguiente sufrimiento extra, para su incalculable y demencial agonía.

No fue la fatídica fecha, el principal motivo de preocupación, para su decidida defunción. Más dificultades, encontró en ponerse de acuerdo consigo mismo, en la forma y manera de consumarla, habiendo tantas y tantas soluciones, todas válidas, (sino fracasan), con la que poner el punto y final, a una vida llena de llagas sangrantes, desaprovechadas, por falta de oportunidades sociales y laborables.

Por fin se decidió, por el método que iba a emplear, en su homicidio. Sería el clásico ahorcamiento. Éste era sencillo, seguro, (si se hace bien), y el cadáver quedaba como si no se hubiese muerto de verdad, por no tener destrozos el cuerpo. Sólo le quedaría un cardenal, alrededor del cuello, fácil de tapar con la camisa de la mortaja; quedando el féretro muy vistoso, a la hora de exponerlo, para darle el último adiós.

Vivía a las afueras de Valencia, cerca de la Capital. Tenía su domicilio, particular, en la caseta de un pozo de regar los huertos de naranjos. Hizo amistad con el pocero y éste, por lástima, le dejaba las lleves para que se refugiara en aquel reducido habitáculo. En la misma entrada al pozo, había un hermoso árbol, de origen desconocido, para los conocimientos de botánica de Juan. Éste tenía una gruesa rama, que era justo lo que necesitaba, para que no se tronchara del golpe, pudiendo quedar medio muerto; sin saber las consecuencias posteriores, que se pudieran derivar, al no morir de una vez, para siempre, como era su propósito.

Antes de hacer le prueba definitiva, estuvo ensayando. Ató la cuerda, a la rama elegida, hizo una lazada escurridiza en la otra punta, se subió a un cajón, (de los de coger naranjas, de unos sesenta centímetros de altura), metió la cabeza dentro del lazo y sólo le faltó darle una patada al cajón, quedando colgado en el aire, sin tocar los pies el suelo. La soga se apretaría, sobre su débil cuello, cortándole la respiración y ahogándolo.

Mucha gente no cree en los milagros, pero éstos existen, aunque todos no sean del corte Religioso. Sucedió que fue, como hacía con regularidad, a escarbar, buscando comida, en un contenedor de la basura, que había frente de un importante restaurante de la ciudad. En una bolsa, se encontró una cartera llena de billetes de diez mil pesetas y una cantidad considerable de droga. Con esta cantidad de dinero, no podía solucionar su porvenir económico de por vida; decidiendo gastárselo, en el menor tiempo posible, para que no se le enfriar la idea de hacer lo que más le convenía, pensando en un futuro estable, que era el de ahorcase, como mandan los cánones, por el pescuezo.

Lo primeo que hizo, cuando vio tantos billetes, de diez mil pesetas en la cartera, fue marchase a su refugio y cerrar bien la puerta por dentro que, cuando era pobre, se la dejaba abierta. No se quiso entretener en contarlo. Le daba igual el que hubiese. Lo pensaba gastar en pocos meses. No tenía la intención de aplazar, por mucho tiempo, su despedida de este desgraciado mundo.

Como estaba harto de dormir, por acostarse temprano y no madrugar; aquella extraordinaria noche la pasó en vela; pensando lo que le convenía hacer al día siguiente siendo rico. Aquel golpe de suerte, le llegó demasiado tarde, para alegrase. Pensaba que había sido el demonio quien dejó la cartera para alargarle la vida y seguir martirizandolo.

Nada más amanecer, cogió el camino y se dirigió a la ciudad, con la intención de hacerse un suculento desayuno. Esperó que abrieran la peluquería, para afeitarse y cortase el pelo, que buena falta le hacía. Después, en el metro, se fue al Corte Inglés y compró la ropa que necesitaba, para vestirse de la cabeza a los pies. Se compró un traje, gris marengo, con la intención de que le valiese de mortaja. Acto seguido se metió en un hotel, de cinco estrellas, pidió una suite. (Para que le entregaran las llaves, tuvo que pagar por adelantado, por qué no se fiaban de él, por el aspecto que llevaba) Necesitaba darse un buen baño, por ser lo que más falta le hacía, por llevar años sin remojarse la piel en una bañera. Cuándo estuvo limpio y reluciente, se puso la ropa nueva y parecía otra persona.

La comida del hotel, no le gradaba, por parecerle muy refinada; dirigiéndose a un bar que él conocía, para hacerlo a su gusto. No pidió ningún manjar, para hartase comer, desde hacía muchos años. La comida que le apetecía, era de lo más tradicional: pidió un plato con patatas fritas, acompañadas de huevos y chorizos, con el que pensaba saciar su hambre añeja. Para beber, le pusieron un litro de vino de marca; qué por cierto se lo bebió todo, quedando medio chispado.

Cuando estuvo satisfecho, echó mano a la cartera, y pagó la cuenta con una soberbia digna de un nuevo rico. Salió a la calle y se dedicó a pasear, sin rumbo conocido, hasta que se hiciera la hora de volver al hotel a dormir. Se compró él periódico, por si necesitaba entretenerse leyendo, si el sueño se le había retirado, con la emoción de tener tanto dinero, con el que pagar los gastos que sus necesidades físicas le ocasionaban, para vivir como debe de ser o un poco mejor.

Una vez en el hotel, le preguntó a su esqueleto, que tenía por carrocería humana. "Bien comido y bien bebido; ¿qué más quieres cuerpo mío"? Éste le respondió, sin titubeos. "Una azafata sexual" No teniendo más remedio que complacerlo, ahora que tenía dinero para hacerlo. Para contratarla, recurrió a la sección de anuncios de los periódicos; eligiendo, por soberbia, la que más caro cobraba.

Quiso quedar bien, con la jovencita moza, que apalabró por teléfono y casi echa la durilla por la boca. Aquellos esfuerzos, que tuvo que hacer, repetidos, intensos, lo dejaron traspuesto; con los ojos en blanco, como muerto. Estaba débil, muy débil, de lo mal alimentado durante muchos años. También se encontraba desentrenado. Ya no se acordaba la última vez que mojó su pluma en un tintero sexual. Por unas causas o por otras, desaprovechó una ocasión única. Sólo pudo hacer el amor una vez y media; ayudado por una mujer de una belleza provocativa. No comprendía, que por dinero, aquella hermosura femenina, se dejase toquetear todo su cuerpo, besar sus labios carnosos, por él, que por su edad y por la vida que había llevado, estaba físicamente muy desmejorado.

Juan, no respondió, como le hubiese agradado, por falta de fuerzas; por muchos mimos y arrumacos que le prodigó, su compañera de cama, él no reaccionaba, con el brío que lo hubiese hecho cuando era un mozo de veinte años. Estaba, él pobre muy acabado físicamente. A la mañana siguiente, después haberla pasado los dos juntos, bajo las mismas sábanas, le dio una propina desacostumbrada. Ella, quedó tan contenta, por el buen trato recibido y por el poco trajín que había tenido que hacer, diciéndole: "Si vuelve a llamar a la casa, donde presto mis servicios sexuales, te identificas, como Trazan II; preguntas por Verónica, por ser yo la que volverá a alegrarte tu corazón con mis encantos". Así, quedaron, por si se repetía la cita.

La soga, que lo debía de ahorcar, la tenía guardada bajo su mísero colchón donde dormía. Una vez, harto de comer, beber, bañarse, echar una que otra cana al aire, (qué tanto le apetecía), el único deseo que le quedaba, por realizar, era ir al pueblo, donde había nacido, para despedirse, sentimentalmente, de los lugares que con tanta nostalgia recordaba.

Allí vivió los primeros dieciocho años de su vida. Fueron los que más se habían quedado gravados en su corazón. Cuando se recordaba del lugar donde nació, las entrañas se le desgarraban; por los recuerdos felices, que guardaba bajo llave, el los pliegues de su desconchada alma. En dicho lugar, tuvo su primera novia. La de los apretones sinceros, los besos locos, las caricias frescas y los sueños por los aires.

Una vez se separó de su novia, por causas del destino, los primeros meses, procuraba dormir poco, para estar más tiempo despierto, pensando en ella. Con sólo recordar un gesto de alegría, de la mujer que había domado su corazón, se sentía el hombre con más suerte del Universo. El amor juvenil, no tiene comparación con nada de este mundo nuestro. Es el único, el que nunca sé olvida, el que siempre se recuerda, el que hace soñar a los enamorados, llegando a lo más lejos que pueden los sentimientos humanos, dar la vida, con alegría, por un bien ajeno.

Llegó al pueblo, después de muchos años de ausencia. Lo hizo presumiendo de hombre rico. En el bar, invitaba a todos los que se acercaban a saludarlo. Tenía prisa en acabar, con su ficticia riqueza. ¡Cuánta fuerza interior, da una cartera repleta de billetes verdes! El que no haya pasado, de pobre de solemnidad a rico provisional, no sabe el placer que causa poder gritar, con un rugido de placer, para que se enteren todos los clientes del bar. "¡¡¡Yooooo..., pago una ronda para todos!!!"

Igual que Nuestro Señor Jesucristo: Juan resucitó al tercer día de estar en el pueblo. Tuvo una cita secreta, con la primera novia que había tenido y que él tanto recordaba. Ella, estaba viuda, sus hijos estaban casados y vivía sola. No le desagrado la idea, de devolverse encontrar con su ex novia. Juan, aceptó en encuentro, por qué nada tenía que perder. Su vida la tenía hipotecada, por esta razón no tuvo miedo en confesarle, (a su único amor), lo terrible que había sido su vida. Le fue relatando todos sus padecimientos, desde el día que murió su madre y se quedó solo en el mundo. Mercedes, con el corazón supurando pus, no dejaba de llorar por fuera y por dentro; por todo lo que le estaba contando. Sufría, por el hombre que le había dado el primer beso de amor en la boca, del que todavía no se había olvidado. Recordaba, cuando sus labios carnosos, se juntaron con los de él, en un prolongado morreo. Por ser sus bocas cerriles, la ternura sé junto con la fuerza, por haber sido éste robado, sabiéndole a poco, por más que fuera, (de mentirijillas), rechazado, debido a la vergüenza antigua.

Si, este puñetero mundo nuestro, no fuera tan "cobroncete", cuantas personas, normales, se salvarían, si pudieran vivir con lo imprescindible, que es muy poco. ¿Juan, que necesitó para dejar la que la soga, lo tenía que ahorcar, se pudriera de vieja? Una mujer, a quien amar, una pequeña vivienda y un ridículo subsidio de la vejez de una viuda, más lo que él aportaba, de su insólita riqueza. Casi siempre, estas pequeñas miserias materiales, son suficientes, cuando se vive en la modestia, para evitar que un inocente se ahorcara en un árbol; debido a la desesperanza de no conocer el futuro del día siguiente, por estar en vilo su porvenir económico, debido a la desgraciada situación de no saber, con certeza, cómo y qué podría comer el día de mañana, sin olvidarse que el de ayer lo pasó en ayunas.

¿Se creen, si les digo, que Juan recuperó en unos pocos días el espíritu juvenil del que era poseedor? La alegría, renovada, le volvió a invadir su desolado corazón, con una fuerza imparable. Todas las mañanas, cuando se levantaba y se veía vivo, en es el espejo de su alma y con proyectos de ser dichoso hasta reventar; le entreva por la barriga un cosquilleo, para felicitarlo por lo contento que encontraba. Esta satisfacción, cuando le llegaba a la cabeza, lo dejaba relajado, por haber encontrado el camino recto que siempre había soñado y lo estaba conduciendo hacía la vida que nunca la debió de faltar, por merecerla, según su entendimiento.

Juan, vivió quince años, junto a su amada Mercedes. Eran felices, hasta dejárselo de sobra. Todos los días, a la misma hora, daban gracias a Dios, por haberse vuelto a encontrar y ser libres para decidir su futuro, formalizar sus relaciones, que nunca se debieron romper por la fuerza, obligados por sus respectivas familias, que entre ellas no se podían ver.

Una vez, Mercedes, murió de un infartó, Juan, empezó una huelga de hambre amorosa. Dejó de comer, alimentos sólidos, y en pocos días se fue hacerle compañía, a su amada, en la tumba. No le apetecía volver a la soledad del pasado, siendo quince años más viejo. Bastante había sufrido, para regresar y empezar de nuevo la batalla del olvido y de la agria soledad.

FIN

ROSA MARCHITA

(CUENTO)

Nací y me crié en una familia de las llamadas tradicionales. Mis padres no aceptaban el divorcio. Su matrimonio era un modelo de las buenas costumbres. No discutieron, en mi presencia, ni una sola vez. En este ambiente de paz hogareña viví feliz. Los primeros años de mi existencia, se me pasaron rápidamente. Sin darme cuenta, llegué a los quince años y era una mujer con todo lo que hay que tener para complacer a un hombre, siendo admirada por ellos. A esa edad, sólo pensaba en mi futura dicha. Como era muy guapa, según me decían mis pretendientes, me sentía la mujer más feliz del mundo. Tuve la mala suerte que, por mi apariencia física, representara más edad de la que realmente tenía.

No pensaba tener novio, aconsejada por mi madre, hasta después de cumplir los dieciocho años. Este era mi propósito, porque quería terminar mis estudios primarios; por si después me interesaba hacer la carrera de derecho, por ser la que más me agradaba. No tenía otra dedicación más agradable, que pudiera dificultar mi vocación de estudiar. Tiempo tendría para el amor en serio. Esto no fue así. Un día asistí a la boda, de la hermana de una amiga, y conocí a un chico mucho mayor que yo. Se sentó a mi lado y no dejó de echarme piropos. Me dijo, con ardor, que se había enamorado de repente, por ser la mujer de sus sueños, habiéndome encontrado cuando no se lo esperaba. Era un consumado maestro en el arte de mentirle a las mujeres. Esto lo supe cuando me había engañado. Para hacerlo, no dudó en chisparme con cava, por aconsejarme que esta bebida no emborrachaba por ser muy espumosa.

Aquilino, había conquistado muchas mujeres, por las facilidades que le dábamos. Sus halagos, subidos de tono erótico, me avergonzaban, por escuchar, por primera vez, palabrotas mal sonantes, para mis castos oídos. Llegó a decirme, el muy sinvergüenza, cuando estábamos bailando, que podía romperme una pierna, de un puntazo, si me daba en ella con la potencia de su pescuño. Se encontraba hecho un burro, apunto de rebuznar de pasión, porque mi belleza había logrado enloquecerlo de amor; hasta el límite de desbordarse sus ansias de desfogarse con migo, si le deba mi permiso, por no ser su novia.

Al ser una joven inexperta, en los asuntos del corazón, pronto logró, el muy ruin, que le diera todas las facilidades que me pidió, porque no me atrevía a denegarle nada. Estaba mareada y no supe defenderme de aquél granuja, dejando que me llevara al huerto de los infortunios. Las Jovenes, poco preparadas, somos presas fáciles para los conquistadores. Nos falta malicia, para salir triunfantes de un trance tan comprometido, llevando las de perder, por tener la voluntad por los suelos; faltándonos las fuerzas con las que resistir los ataques, desesperados, del macho; por estar a merced de sus deseos sentimentales, dispuestas a ceder, lo que haga falta, para gozar del amor compartido.

Sin querer, fui arrastrada, por desconocer las consecuencias posteriores; quedándome embarazada, por el hombre que había conocido unas pocas horas antes. Para conseguirlo, recurrió a emborracharme. No quería que le pusiera resistencia a sus cobardes propósitos. Al encontrarme mareada, apunto de desmayarme, me llevó a la habitación que tenía reservada en el hotel, donde se celebraba la boda. Una vez los dos solos, nada más soltarme de la cintura, donde me llevaba cogida para que no me cayera, me desplomé en la cama sin sentido; circunstancia que aprovechó para violarme, repetidas veces, sin enterarme. Sólo recuerdo, vagamente, de aquel desgraciado hecho, sus impulsivos jadeos cuando lograba los orgasmos.

Después de hacer conmigo, todo lo que le apeteció logró, darme una ducha de agua fría, para que me espabilara; consiguiendo, secarme y vestirme, para volver de nuevo al local, donde todavía se celebraba la boda; porque nuestra ausencia duró poco más de una hora. Todo sucedió tan rápido; por qué el golfo, que me deshonró, vivía en otra ciudad y se tenía que marchar al día siguiente, no pensando volver a verme más, como así sucedió.

Él, que se creía un D. Juan, quiso poner en su correa, que le servía de tarja, una muesca más, con la que presumir, ante sus amigos, de una nueva conquista. Con esta clase de hombres, sueltos por el ancho mundo ¿ A donde se dirige la sociedad? ¿Hasta que punto no está mal educada la juventud presente, que no repara en hacer a una mujer desgraciada, para toda su vida, por un placer sexual efímero, pudiendo complacer sus deseos, con muy poco dinero, con las que practican la prostitución.?

Cuando llegué a casa, después de regresar de la boda, me di cuenta que no llevaba puestas, ni las bragas, ni en sostén. El corazón me dio un vuelco, estando apunto de caerme al suelo del susto. Enseguida comprendí, que había sido violada a traición, sin enterarme, por mi borrachera; por un miserable que se merecía un castigo ejemplar, para que no fuera por la vida haciendo daño a las mujeres indefensas.

Antes de tres meses, de la fatídica fecha, mi madre ya se había dado cuenta de que estaba preñada. En los dos últimos meses, no había tenido la regla; obligándome hacerme un análisis, para ver si estaba embarazada. El diagnóstico fue certero, estaba esperando un hijo. Desde ese día mis padres, me prohibieron salir de casa, a otro lugar que no fuera al colegio: debiendo de prepararme para abortar, si antes el cobarde, que me había hinchado la barriga, no daba la cara y se casaba, por la vía rápida, antes de que naciera mi criatura.

Resultó complicado, encontrar al padre de mi hijo, por vivir en otra Provincia. Una vez mi padre dio con él, éste le dijo, en su cara, que no podía casarse, porque no tenía trabajo, ni dinero y menos ganas de dejar su soltería. En estas condiciones; prefirieron que abortara. No querían, por egoístas, que fuera una madre soltera. Me decían, que ningún hombre, de mi agrado, se casaría conmigo, porque las medres solteras tenemos muy mala fama, entre los partidarios del matrimonio serio, debiendo de conformarme, con el que se quisiera acercar, por no poder elegir, como cuando era virgen, no siendo agradable, para mi futuro marido, criar el hijo de un padre que ha huido, por no querer hacerse cargo de él, ni de la madre que lo parió.

Casi me costó la vida; por lo aguda depresión que cogí, por querer tener mi niño. Esta desgracia, solo la conocen las mujeres; que somos obligadas a deshacernos del fruto de nuestro vientre, por razones sociales. Esta tragedia, duele más, si las personas que te alientan asesinar a tu hijo son tus propios padres; que no dudaron, para salvarme de ser madre soltera, en quedarse sin su nieto, que no llegaron a conocerlo, por llevarme al matadero humano, donde lo trocearon, sacándolo hecho pedazos ensangrentados..

Si he podido perdonar, con los años, al indeseable que le hizo tanto daño, a mi alma juvenil, con su vergonzosa violación: lo que no he podido olvidar, por haberme sido imposible, es dejar de sufrir por el hijo que perdí, de mala manera. Me lo arrancaron, de las entrañas, con las herramientas que utilizan los carniceros, para despedazar los cerdos. Por esta razón, no hay día que no me supure pus, por la herida que llevo abierta en el fondo de mi ser; no encontrado, mi curación, remedio hasta el día de mi muerte.

No hay desgracia mayor, para una mujer, con instintos maternales, que abortar el hijo de su sangre; después de haberlo sentido dentro de su vientre. Esta es la razón, por la que tengo una llaga abierta en el espíritu, que no se me cierra, ni se me cura con la medicina tradicional. Desde el día que me extirparon el feto, que estaba vivo, no he dejado de maldecir a las personas que son capaces de cometer, impunemente, estos crímenes tan horrorosos.

Este rencor, cobró una fuerza desconocida, dentro de mí destrozado corazón; al culpar a mis padres de llevarme a sacrificar a mi hijo querido. Después de los años pasados, desde tan trágica fecha, no ha dejado de aparecérseme su cara, de mil formas diferentes, por tener la fatalidad de no haber conocido su verdadero rostro. Faltaban cinco meses, para verlo y tenerlo entre mis brazos. Me hubiese gustado darle de mamar. Habría sido una alegría, desconocida, disfrutar cambiándole los pañales, después de hacerse caca; bañándolo todas las noches para que, bien limpio, durmiera feliz.

. Lo que más me duele, por la muerte prematura de mi hijo, es qué fueran sus abuelos los culpables principales de su fatal destino. Todos mis lloros y mis desesperados lamentos, no hicieron mella en sus podridas almas. No quisieron tener, y no tuvieron, una hija madre soltera. Me vi luchando sola, contra una sociedad degenerada, (empezando por mi propia familia), en la que se pueden cometer, legalmente, esta clase de crímenes tan horrorosos; autorizados por la autoridad competente. Lo digo, como lo siento: me da asco pertenecer a la especie deshumana. Nunca llegaré a comprender a los tolerantes con el infanticidio. Los mismos que se alegran, los muy cínicos, de haber prohibido la pena de muerte, (para los asesinos convictos y confesos); no les corroe la conciencia aplicársela a las inofensivas criaturas que todavía no han nacido. ¿Qué delito había cometido mi hijo, con cuatro meses de vida, dentro de mi vientre, para ser condenado a muerte? Sólo haberlo concebido en una sociedad despiadada, que no repara en destruir la vida humana antes de ver la luz del día.

Nadie me podrá compensar de la vergüenza que pasé, siendo una niña, cuando me tuve que abrir de piernas, contra mi voluntad, ante las narices de aquel matarife, con cara de marrajo. Me resultó un tormento, dejarlo meter, por mi sexo, sus mortíferas herramientas, bien afiladas, con las que despedazar al hijo de mis entrañas. Llegué, a mal decirlo, antes de que acabara con su homicida trabajo, después de media docena de intentos. Le fue preciso rematarlo, haciéndolo pedazos, arrojándolos al cubo de la basura, que ya lo tenía preparado. Lo hizo trozos pequeños, para poder sacarlo más fácilmente, de dentro de mí destrozada matriz, que me la dejó estéril.

Según la tesis de mis padres: ellos me trajeron al mundo, por estar casados y ser un matrimonio legal. ¿Qué tendrá que ver, para traer un hijo, el ser marido y mujer, por medio del matrimonio tradicional, cuando lo que importa es que una mujer esté preñada y la dejen parir? Al no coincidir nuestros pareceres y estar todas las horas del día y de la noche discutiendo, por lo mismo, por la muerte de mi hijo: me fugué de mi casa, cuando pude hacerlo; nada más cumplí la mayoría de edad. Desde aquella fecha, no he vuelto a ver a mis progenitores, ni tengo la intención de regresar al domicilio familiar. Por culpa de lo sucedido, la tristeza me derrotó, cayendo de cabeza, sin querer, en el mundo de las drogas. Éstas son el remedio, más socorrido, que encontramos los desesperados espirituales; recurriendo, para comprarla, a la destructiva prostitución, juntándose los dos vicios más letales que existen en el mundo.

A mis veintiséis años, me encuentro en el camino opuesto al de la felicidad deseada. Siempre, desde niña, me propuse tener un hogar, con un esposo y un regimiento de niños, por haber sido este mi sueño más querido. Ahora, herida de muerte por el SIDA, no me encuentro en condiciones, para dar marcha atrás y formar una familia, por tener mi cuerpo muy podrido. El fracaso, de todo lo que me ha sucedido, es preciso que lo dé a conocer: Se ha debido, a encontrar un inútil, como fue el que me violó, que le faltó hombría para hacerse cargo de su hijo y de la mujer que él había embarazado, con todas sus consecuencias. No me olvido del comportamiento de mis padres, que fue de lo más miserable, por querer salvar mi honra, me obligaron abortar al hijo de mi alma; siendo éste un homicidio familiar.

¿Qué me arrancaría, de mi cuerpo, el experto matador de fetos, que no he vuelto a quedarme preñada, ejerciendo la prostitucion, sin haber tomado ninguna preocupación para evitarlo?. Una y mil veces, pretendí concebirlos sin éxito. Pensaba tener hijos y ganar mucho dinero, con mi hermoso cuerpo, ejerciendo el oficio mas arrastrado que existe; para retirarme pronto, de tan desgraciada trabajo y poder criarlos sola, sin agobios económicos; porque no pensaba casarme con un hombre, por si me resultaba tan embustero como el primero que me engañó.

Después de tanto sufrimiento, hoy solo me queda virgen el alma: por no haberla usado, cuando las penas me ahogan; descargo todas mis angustias, y mis interminables penas, en mi atormentado corazón. Éste hace de yunque, en el que aligero todos los golpes de mis numerosas aflicciones, qué son infinitas y seguirán latentes, si Dios no la remedia, hasta el día de mi muerte, que deseo sea pronto. Estoy cansada de vivir, repitiendo siempre las mismas tristezas; por haber agotado, en pocos años, los placeres de toda una vida, quedándome los artificiales, por que los naturales ya los malgasté.

¿Qué puedo, esperar de la vida, si nada de lo que hago me apetece? En los años que llevo descarriada, he practicado, todas las aberraciones existentes, las veces que me ha dado la gana, por ser una mujer libre, para hacer con mi cuerpo lo que le apetecía; por vivir al margen de la moral clásica. Esto nos suele suceder, con bastante frecuencia, a quienes no encontramos que nos quieran de verdad, como nos ocurre a los drogados. Las esperanzas de ser dichosa, las tengo puestas en la muerte repentina; por sobre dosis, haciéndolo a propósito, por no querer volver a despertarme de nuevo, para no tener que ir corriendo, desesperadamente, a robar el dinero, con el que comprar la dosis de cada día, esperando, angustiada, que sea el último para mi bien.

Esta confesión la hago, como testamento, resumido, de mi deplorable vida, porqué si me espero mas tiempo en hacerlo, igual pierdo la ocasión, por haber muerto, por encontrarme dando las últimas boqueadas. Es lamentable, despedirse de la vida, en plena juventud, con el alma llena de melancolía, por ser víctima, de unas circunstancias ajenas a mis sentimientos personales. Todo se torció, un mal día, no habiendo tenido suerte, en mis propósitos, de ser dichosa. Esto suele suceder, con mucha frecuencia, entre los seres humanos; por haber nacido en un mundo hostil a la felicidad, por culpa de nuestro egoísmo particular.

FIN

UN HOMBRE DE DOCE AÑOS

CUENTO

Aquilino, era un muchacho muy tímido, que apenas le gustaba jugar con sus amiguitos. A pesar de su carácter apocado, pensaba en cosas infinitas; como no es lógico pensar, en niños de su edad.

Cuando sólo contaba doce años, al ponerse el sol, una tarde de primavera, sintió un impulso sexual y se enamoró, de una mujercita de su misma edad. Desde entonces se olvidó de las chicas, que se ponen trapos en los pechos, para jugar con él y hacerse la ilusión de ser mayores. Aquilino, pensaba diferente, a sus amigos y compañeros de colegio. Sólo la intuición de la mujer, por ser más coqueta, superaba a nuestro querido amigo.

Creyó lo bueno que sería el amor, por ser una cosa pura, que nos regala la vida. Deseaba, ardientemente, hacer feliz a la mujer que, con solo su presencia, le llenaba al alma de gozo.

Lo que no sabía era como empezar a defender aquella oculta felicidad. Por más vueltas que le daba a la cabeza, no encontraba la solución; para poder hacerse a creedor de aquel amor, que le turbaba los sentidos. Su cara era la de un niño, igual que su voz y todo su suporte. Solo un poco de bello en el bigote, era la única prueba que podía poner a su favor; a la hora de la declaración, al bien amado sueño. No terminaron ahí sus desdichas; por qué tampoco sabía lo que le había de decir, para poder declararle su amor, a aquella chiquilla, que él estaba cercando con sus pensamientos y con su ánimo apocado pero firme.

Por más soluciones que buscó, todas le parecían poco convincentes. No se atrevía, a ponerlas en práctica, por miedo al ridículo; que en este caso, podía ser el fracaso. Por eso necesitaba atar bien todos los cabos, para que nada se le pudiera escapar, antes de dar un paso en falso. Sufriría un duro golpe, de verse despreciado, de la mujer amada. En los pueblos, no suele suceder, como en las grandes ciudades. En éstos, no existen las amistades, que acortan las distancias en el amor. Hay que ir, directamente al toro, como vulgarmente se suele decir. De buenas a primeras, es muy difícil, por no decir imposible, salir airoso, máxime si se tienen en cuenta tantas desventajas en contra; como tenía nuestro querido y enamorado amigo.

El solo tener doce años, era su mayor obstáculo. No lo tomarían en serio, por qué su débil figura no conseguiría causar el necesario respecto, que en estos casos se requiere. Tampoco conocía las palabras o frases que había de emplear, cuando se encontrara a solas con ella. Su amor crecía, por momentos y la desesperación se iba apoderando de sus nervios que, poco a poco, le llevarían aún estado de ánimo agobiante y desalentador. Con la impaciencia, iba perdiendo el sueño y, lo que era peor, la salud; tan necesaria a su edad. Como pensaba mucho, dormía poco, y sufría más, cada día valía menos, físicamente: esta era la causa, de que se quedara más enclenque.

Moralmente, era todo un hombre. Bajo su débil figura, se ocultaba algo fabuloso y de pensamientos extraños. Su alma estaba hecha de un material desusado en los tiempos que hoy corremos. Su profundo sentir era infinito, como el de los Santos; existiendo el peligro de que le pudiese suceder algo no muy halagüeño.

Hay que ver la maravillosa fuerza que tiene el amor, por qué sino; ¿Cómo se hubiese podido atrever a preguntarle a su padre, las frases que él le dijo a su madre para conquistarla, sabiendo que su progenitor era muy severo que, por la mínima falta, le solía zurrar la badana? Todo esto se lo pensaba decir, en unas circunstancias favorables, con una doble intención, para que no pudiera adivinar su juego que, en este caso, bien pudiera ser peligroso, por el riesgo que encerraba y que bien fácil se podía quemar con él.

Su padre, los domingos, no solía madrugar. En todo el día no tenía que no tenía nada que hacer. Se solía levantar, todo lo tarde que le era posible; con el fin de descansar el máximo y de recuperar fuerzas, para la semana entrante, que le resultaba larga y pesada, trabajando en la agricultura

Aquilino, en esta ocasión, vio el Cielo abierto. Ni corto ni perezoso, después de encomendarse, a Dios Nuestro señor, rezar todo lo que sabía: Santiguarse, cuatro o más veces, para que, el Altísimo, no lo dejara de su mano ni un instante. Sin pensarlo dos veces, se lanzó de su cama, hacía a la de su padre, para poder preguntarle, todo lo que él necesitaba saber, a cerca de la tan cacareada declaración de amor. Necesitaba darse prisa y preparar el terreno pronto, antes de que llegara la buenaza de su madre y hacerles levantar para que pudieran ir a Misa de las doce.

Ya en la cama de su padre, se pusieron hablar de esto, de lo otro y de lo demás allá: pero la conversación no se ponía propicia, para preguntarle lo que tanto estaba deseando. Un poco impaciente y otro poco nervioso, le abocó, sin más preámbulos, lo que estaba deseando.

-- Padre. ¿Recuerda... lo que le dijo a la madre, cuándo le pidió relaciones?
El padre, todo sorprendido.

-- ¿Para qué quieres tú saber eso?
Aquilino, disimulando las intenciones de sus palabras...

-- Por nada...

-- Por nada... ¿y..., me preguntas?

-- Sí, por nada. Por qué me ha contado un amigo del colegio, que le ha dicho su padre que, cuando él pidió a su madre le dijo: "¿Me quiere talega?" Y su madre le respondió...,"Te quiero costal". Entonces su padre le volvió a responder: "Pues talegazo viene, talegazo va"

El padre, no pudo aguantar la risa, por culpa de la ocurrencia que su hijo había tenido. Para calmar un poco su curiosidad le dijo.

-- Eso se lo tiene que haber dicho de guasa, por gastarle una broma. Pero por nada más.

-- ¿Entonces no es así, cómo se le debe declarar el amor a una mujer?

-- No, hijo, no. ¿Por qué estás preocupado, por saber una cosa que ahora no necesitas?

-- Simplemente..., por decirle, a ese chico que, su padre, es un embustero y él un tonto por creérselo...

El padre, (acariciándole el cabello con su basta mano, y para complacerlo le explico: con cierta ironía, con el fin de desanimarlo y se olvidara del asunto que tanto le preocupaba), le dijo lo siguiente.

-- Aquí en el pueblo, cuando un hombre quiere a una mujer, lo primero que tiene que hacer es marchase al bar y con los amigos beberse unas cuantas copas demás. Luego coges las botellas, te vas debajo de la ventana, de la que quieres que sea tu novia. Una vez allí las rompes y si tiene carro lo vuelcas en medio de la calle. Debes de hacer todo el ruido posible; para que ella sepa que la rondas. ¡Ah! Si tienes ocasión, de reñir con alguno de tus rivales, si los tienes, rompiéndole la cara, antes de hablar con ella, mejor que mejor. Con todas estas burradas, habrás ganado la mitad de su cariño. Ya sólo te resta, que ella sepa que la quieres. El día que decidas declararle tu amor; te vas solo ante su puerta y cuando salga la coges, de donde puedas, y le dices, mirándole a los ojos: "haces el favor" Ella te contestará, entre la vergüenza, el miedo, (y la alegría si te quiere), algo parecido a esto. "Sin favor" Entonces es cuando se le vuelve a decir. "¿Tienes amores con alguien o los quieres tener conmigo?" Ella debe responderte. "No los tengo con nadie, ni los quiero tener contigo" Eso si no te quiere. Si te quiera te dirá. "No los tengo con nadie y los quiero tener contigo" También es muy fácil que te diga. "Lo tengo que pensar." Si te dice eso, es que ya lo tiene pensado y lo que quiere es que estés dos o más años detrás de ella, para luego darte el sí, sino llega otro antes y te la quita y té quedas compuesto y sin novia" Terminando, su padre, estas frases, entro su madre y los dos se tuvieron que levantar, deprisa y corriendo, porque ya era hora de ir a Misa.

Aquilino, no quedó muy satisfecho, con lo que, su padre, le había contado. Esta fue la razón, por la que en los días siguientes, la tristeza siguió haciendo mella en el poco ánimo que le quedaba. Él no quería esa clase de amor; si no el verdadero, el único, el puro, el amor que sobrevive a uno mismo, que suele ser el amor sincero, el amor noble, el amor de la felicidad eterna; pero nunca el amor, que su padre, había dejado entrever en sus palabras.

Le causaba miedo, agobio, desilusión, las palabras de su progenitor. Se preguntaba."¿Sí tengo qué conquistar, a la mujer que amo, con la rudeza, prefiero quedarle soltero, antes de casarme con una mujer, que no tenga la suficiente fuerza, para encender con su ternura, con su delicadeza, con su respecto, y con su comprensión: mi apagada alma, mi sufrido cuerpo y mi ardiente corazón? ¿Por qué la mujer, se enamora de un hombre, si se le asemeja a una bestia, pensando, que con sus rebuznos, podrá alimentar su feminidad y con las coces y los malos tratos su felicidad. Si así lo piensa, se equivocará con todos sus sentidos? "

Creía, con razón, que sería inoportuno llegar a esos extremos. Una cosa es ser un cobarde y otra muy distinta ser un monstruo; ya que el verdadero hombre, cuando está enamorado, es un ser piadoso y comprensivo, sin tener que llegar a esos radicalismos. ¡Si se tiene que estar dispuesto a dar la vida, por el bien amado, si es preciso y la ocasión lo requiere, nunca ha de insultarla, rompiendo las botellas y volcando los carros boja su ventana!

No quiso seguir, juzgando mal las palabras de su padre; por si la había gastado una broma, igual que hizo, el padre de su compañero. Sin pensarlo dos veces, decidió preguntárselo a su madre. La suerte ya estaba echada y nadie podía cambiar las cosas ni los destinos. Si no un día otro se debía de enterar, por que él no pensaba ceder en su empeño, de conquistar su bien querido amor, por creer que el amor joven, suele ser el amor del gozo verdadero. Es cuando el corazón es todavía niño y guarda toda la pureza de su tierno sentir; conservada por su oculta ignorancia, sin maldad y sin egoísmos, que suele ser, a fin de cuentas, lo que le mantiene vivo al arrogante amor.

Un día, estando solo con su madre, vio el momento oportuno para preguntarle lo que, a su padre, había intentando sonsacarle. Esta vez estaba seguro de lo que quería y, sin miedo alguno, se enfrentaría con su progenitora. Estaba dispuesto a afrontar la difícil situación, si ello fuera necesario.

--¿Madre, qué le dijo padre, cuándo pidió relaciones.

La madre toda sorprendida, (como días antes le pasó a su padre) por el alcance de sus palabras, le respondió entre dulce y áspera.

-- ¿ A ti qué te importa?

-- ¿ Que qué me importa?

-- ¿Sí?

-- ¡Me importa mucho!

La madre todo turbada.

-- Aquilino, hijo, qué sólo tienes doce años...

-- Lo sé madre, lo sé. Pero..., hay un corazón bajo mi pecho que tiene más de veinte.

-- ¿No te da vergüenza, hablar conmigo de estos asuntos, siendo como eres un niño?

-- Soy un niño, por mi edad, por mi débil cuerpo, no por mi corazón que se me agigante y me hace libre y sin complejos.

La madre, muy cariñosa con su hijo del alma, por él apasionamiento que ponía en sus palabras.

-- Tú debes de jugar con tus amigos y divertirte, no pensar en estas cosas, tiempo tendrás de padecer, la vida es muy larga.

Aquilino, razonable.

-- Madre, si yo no puedo jugar, si tengo, sobre mi alma, una capa de tristeza que no me deja respirar con normalidad.

La madre toda angustiada, por la verdadera pasión que su hijo ponía en sus palabras.

-- ¡Qué cosas me dices! Lo que tienes que hacer es estudiar, para poder ser el día de mañana un gran hombre y no querer amar sin las suficientes fuerzas para aguantar el terrible sin vivir que es el amor. ¡Alegra esa cara y sonríele al mundo, qué el mundo te escucha y tú no lo has hecho, hoy que todavía puedes!

-- Madre, no se burle de mí. No tengo la culpa de no ser como mis amigos; ni tampoco la de ser un hombre de doce años.

-- ¡ Cuándo venga tu padre, le diré que tiene un hijo que es un Romeo...

-- No es eso lo que quiero que le diga. (Cayendo en los brazos de su madre llorando) Lo que quiero es que me ayude, por ser mi madre, la única mujer que hay en el mundo, con espíritu de sacrificio. Necesito que me comprenda.

-- ¿Qué tengo que hacer..., para ayudarte y comprenderte?

-- No decirle nada a nadie, de lo que a mí me pasa, (incluyendo a mi padre) Después quiero que me diga: lo que hay que decirle a una chica cuando se le declara su amor...

(Él tener que decirle, Aquilino, estas cosas a sus padres, se debía a que a nadie se las podía preguntar, por qué se reirían de él. Esta fue la causa, por la que creyó, que lo que tenía de más arriesgado, preguntarle a sus progenitores, sobre el particular, lo tenía de más efectivo; por lo menos por lo que respectaba a su reputación para los de fuera)

Su madre, muy cariñosa con él, comprendió el peligro del apasionamiento que ponía en sus palabras le dijo.

-- Quisiera saber..., ¿quién es la afortunada?

-- Milagros. La hija del Rubio y la Petaca...

La madre, dándole ánimos...

-- No me desagrada, es muy trabajadora y muy bonita...

-- No es que sea muy bonita, porque no lo es, pero lo fundamental es que la amo apasionadamente.

-- ¿Por qué te empeñas, hijo, de ser un hombre, siendo un niño?

Aquilino muy formal.

--No volvamos a lo de niño y déjame usted que le dé rienda suelta a esta fuerza, que me empuja hacia Milagros. Desde que estoy enamorado de ella, han nacido sentimientos en mí que antes no conocía.

-- No sé lo que va a salir de todo esto, pero sea lo que sea, te voy ayudar, para que te des cuenta, por ti mismo, de que es imposible lo que quieres. Cuándo te encuentres fracasado, no te dé vergüenza decírmelo. Yo, te consolaré, te comprenderé y te ayudaré, para que sepas lo buena que es una madre.

La madre no lo tomó en serio. Sabía que era un chiquillo soñador, pero por más que soñase, no dejaría de ser un niño. Tranquila y confiada, de que su fracaso llegaría, lo dejó lo más contento posible; para que él pudiese ver que siempre la tendría de su lado, con más o menos frases lastimeras, nunca lo dejaría abandonado. Él era el único hijo, que Dios le había dado, y lo tenía que cuidar, porque sabía que ya no tendría otro.

Así fue como la madre le dijo, todo lo referente a la declaración de amor. Su madre tampoco lo dejó contento, con lo que le había dicho. No le gustaban, aquellos modales que empleaban sus paisanos, para decir algo tan sencillo y a la vez tan difícil de decir, no eran por él compartidos. Le parecía absurdo decirle a una chica. "Haces el favor" Para que te respondiera, "Sin favor" y luego todo lo demás que sigue, tan fuera de la realidad de la vida. O esto otro, " Porra en casa, ¿pasa, o no, pasa?" Qué, en los tiempos que hoy corremos, se digan esos disparates, tan fuera de la realidad, a una mujer y los acepte como tales; le parecía todo fuera de lugar. Y esta otra, declaración. "Si me quieres, te quiero, vente conmigo, al pajar de mi abuelo que hay golondrinos" No creía que hubiera una fórmula más simple y a la vez más realista. Lo que más le sorprendía era, ¿cómo no se avergonzaría una mujer con esas palabrotas. "Por qué sembré trigo y cogí avena, haces el favor morena" Sonaba un poco cursi, pero le parecía mejor que todas las anteriores declaraciones. Él no estaba conforme, con lo que le habían dicho sus padres, porque si el amor era como él lo sentía, bien valía la pena inventar frases inéditas; que dejaran los tópicos atrás y salieran como una cosa nueva, algo que ninguna mujer hubiese oído antes, resumiendo: algo distinto de lo que se les decía hasta ahora. Así, pasó, unos cuantos días, buscando las frases bonitas que pudieran sustituir a las viejas, y por lo tanto anticuadas, para tan noble menester.

Esta era la que más le sonaba al oído y por lo tanto la que más le gustaba. "Vengo del Cielo mandado y Dios desde el Paraíso, desea que me des la mano, sino tienes compromiso" Como la idea era suya, le perecía aún mejor, de lo que era en la realidad. Creyó que con ella tendría la mitad del éxito ganado. ¿Qué mujer se podía resistir, después de escuchar esas melodiosas frases, impregnadas de amor, por la emoción que sentiría al manifestarlas? Quiso decírselo a su madre, para que ella también participara en el triunfo. Después de pensárselo mejor, creyó más conveniente mencionárselas cuando conociera el resultado.

Así, lleno de ánimos y de esperanzas, iba a empezar su dura, pero noble lucha por su amor.

Aquilino, por su deseo, llegó a olvidarse de todos sus deberes. Ya no era aquél niño, admirado por sus compañeros y mimado por sus profesores. Siempre, hasta entonces, fue el primero en la clase. Después, muchos días, no se sabía la lección. Así empezaron los castigos. Los que confiaban en él, dejaron de hacerlo. Aunque había esperanzas, de que de nuevo volviera por sus fueros, por que un bache lo tiene cualquiera. El bache continuaba, sin la reparación debida; por parte de quien tenía él deber de repararlo. El Maestro, se vio obligado, hablar con sus padres y explicarles lo que estaba sucediendo a su querido hijo. El padre, con su egoísmo, no comprendía nada, de nada, de lo que le estaba pasando; empezando a ponerle duros castigos. Su progenitor había visto en su hijo, un ave fénix de la inteligencia; ya que hasta llegar el bache, que estaba atravesando, siempre había sido el mejor alumno de la clase.

Su madre, por otro lado, sufría horrores. Sabía lo que le sucedía; que para decir la verdad, ella era su mejor consejera, su mejor amiga y la madre buena siempre, por estar preocupada de lo que le pudiera suceder a su querido hijo. Sólo que le quedaba la esperanza, de que, tarde o temprano, volviera a la normalidad; para que hiciera de nuevo su vida cotidiana, como antes de darla el sarampión del amor.

Aquilino, por su parte, se hacía cada día más rebelde y a pesar de los duros castigos del Maestro y los del padre: él seguía igual, y si me obligan a decir la verdad, peor. El amor no le sonreía, como a él le hubiese deseado. Su flojo ánimo, se iba endureciendo, con los castigos del Maestro y los malos tratos de su Padre. En vez de acobardarse y ceder; se hacía más arrogante, porque dejó de obedecer al Maestro y llegó odiar su padre. Sólo lo tenía en pie, el dulce y pacífico cariño de su madre. La vida le importaba un pito; puesto que no alcanzaría la verdadera felicidad. ¿Para qué quería estudiar, si le iba a faltar el amor con el que gozar? ¿Para qué quería ser, esclavo de un deber, si nunca lo iba a necesinecesitar? ¿Qué le importaría a él conocer la ciencia de la vida, si para vivirla no le hacia falta la ciencia? ¿Se es feliz sabiendo? ¿Se consigue la felicidad con la sabiduría? Nada de todo esto se logra, (si nos falta un amor sincero), si éste se sustenta en mentiras y engaños. Comprendía, que nunca alcanzaría la felicidad. La rutina, se había apoderado de los profundos sentimientos. No quería vivir, de amargas fantasías. Sabía, por su experiencia, que el hombre nunca alcanzaría la felicidad; por que suele hacer, lo que hace, por hábito, pero sin fuertes convicciones. También sabía de la ventaja que el hombre tiene sobre los demás animales; por pensar y discurrir, no siéndoles sus conocimientos propicios para la felicidad Le hubiese gustado, ser cualquier clase de insecto, antes de ser un humano. Los insectos, se aman sin recovecos, y suelen trabajar de común acuerdo, (cuando todos son de la misma clase) y si son destruidos es por otra clase insectos mayores y enemigos: pero nunca entre ellos, como suelen hacer los auténticos hombres, los que todo la saben, los que todo lo pueden, los que todo lo adivinan. Contra nuestra especie hay un refrán castellano que dice: "El que todo lo sabe, no sabe nada, el que todo lo puede, nada puede" Así, todas las demás virtudes, destructivas, de los humanos.

Para Aquilino, solo existía una cosa, que de haberla encontrado hubiese sido el hombre más feliz de los mortales. No le digo, querido lector, lo que es. Estoy seguro que lo se lo imagina. Su enfermedad, llegó a ser crónica, y daba por descontado, que el amor nunca le sonreiría, por lo menos el que él buscaba; no el que se prodiga tanto. ¿Cómo encontraría el ser amado, si para ello tenía que mentir, que adular y que fingir, para poder presentarse ante los ojos de ella, como si fuera un ser privilegiado sin serlo? ¿ Aquilino, que culpa tenía de que toda las mujeres que había conocido, no tuvieran nociones de lo que es un hombre verdadero y se enamoraran de la basura, que es al fin de cuentas, el hombre que las engaña, con mentiras y promesas falsas, que nunca cumplen, por ser realizables?

Aquilino, nunca quiso ser uno de ellos, por eso él siempre buscó a la mujer buena y humilde. Esa tarea le resultó imposible; por que no pudo encontrarla en todo el pueblo, por más frases que inventó todo le fue inútil, no tuvo la suerte de tropezar, con ese ser raro que a veces crea la naturaleza. No terminaron ahí sus desdichas. Se extendió, por el pueblo, que no era capaz de beber con los amigos, ni romper las botellas, en la ventana de la mujer que iba a rondar, y que cuando se encontraba cara a cara con una chica, la voz solía salirle ronca, por el miedo que le daba, pedirle relaciones y no sé cuantas cosas más.

Aquilino, no le ofendían todas esas cosas, que de él decían. Sus sentimientos, estaban muy por encima de lo que pueda opinar la gente. Si él hubiese comprendido, que la felicidad la hubiese encontrado en beber, hubiese bebido y si la felicidad hubiese estado en romper las botellas, debajo la ventana de la mujer que quería por novia; seguro que hubiera llenado la acera de vidrios rotos y la calle de carros hacinados, unos encima de los otros. Él sabía que la felicidad no estaba en esas cosas sin fuste, sino en las otras, en las que no había, en todo el pueblo, una mujer que conociera la realidad, de lo que tiene que ser la unión de dos seres. A pesar de la vergüenza y el reparo que le daba decirlo; todas las que conoció, estaban impregnadas de pensamientos absurdos, por eso es por lo que se fueron pasando los días, se fueron pasando los años, y nuestro joven amigo iba dejando de serlo; para pasar a ser mayor, pero no diferente. Sólo se le iba trasformando el cuerpo; pero no las partes invariables, que esas siempre suelen ser las mismas, desde el día que por primera vez se ve la luz del sol, hasta que se apaga, por ser arrastrados por la muerte.

¡Cuántos sentimientos nobles se fueron acumulando encima de su débil figura! ¡Cuánto sufrió, el buen Aquilino, por no haber encontrado el amor que soñaba. Toda la vida estuvo, enamorado de un sueño, que había forjado en su fantasía. ¡Cómo se le deshacían, las montañas del amor, en su alma entristecida! ¡Cómo le dolía el amor, de los que se emborrachan de promesas, que nunca sé cumplen! Él, no quería vivir de promesas, deseaba mucho más, deseada hacerlo de realidades con- tundentes.

Hasta que un día, casi hundido en la desesperación: se arrodilló ante un cuadro de San Antonio, que su madre tenía colgado en la pared, encima de la cabecera de su cama: y suplicante, con los brazos en cruz exclamó: "Señor, ¿dónde está la mujer buena de mis sueños? ¿Acaso la vida, debe de ser realidad? ¿Por qué dejas que el amor se embrutezca y muera ahogado, por no tener fuerzas las almas, para poder salvarlo? Yo, no quiero caer en el amor de las promesas falsas, incumplidas; sé que no sería feliz. Yo, que he leído, los grandes poetas y en sus poemas, hablaban del verdadero amor y creo en ellos, porque cuando escribían, hacían lo que hago, sufrir y sufrir, sin descanso. (Y, por esta razón, se puso a llorar, a lágrima viva, mientras continuaba con sus ruegos) ¡Señor, no me dejes morir, con el amor dentro de mis entrañas! ¡No quieras que me ahogue, con el amor que guardo en mi maltratado corazón! ¡Pon en mi camino, la mujer buena, que no necesite comprender, por qué sea mayor el amor que sienta, que la maldad que busque! ¡En su mejilla pondré la llaga sagrada de mi aliento! ¡Buscó mi salvación y con ella la de los míos! ¡ No Te olvides de mi petición, qué si quedamos pocos hombres, sobre la Tierra, para amar de verdad, pon Tú mano sobre nuestra frente y guíanos por el buen camino, para no caer en la tentación, del pecado y del dolor, que causa el amor en el alma, cuando encuentra el engaño!"

FIN

EL CORREDOR DEL AMOR

CUENTO

José, era huérfano de padre. Cuando cumplió ocho años, su madre, que era muy pobre, lo colocó de pastor en un cortijo, que distaba del pueblo una legua. Se encontraba tan contento con su trabajo, (por hartase de comer todos los días) que en seis años seguidos no volvió a pisar el pueblo. Por más que lo animaban, a que fuera a la ciudad, los domingos por la tarde, que le correspondían; éste se disculpaba para no ir. Su madre, si lo quería ver, se tenía que desplazar hasta el cortijo.

El primer día, que por fin fue al pueblo, a pasar la tarde, un día de la Feria, tuvo a suerte de conocer a una joven de su edad y se enamoró de ella. Su corazón, que lo tenía durmiendo una siesta amorosa, se despertó de golpe; poniéndose a dar gritos de contento, cuando pensaba en la mujer de sus entretelas.

Al día siguiente, de haberla conocido, que era lunes; sin dar explicaciones, se puso el traje de los días de fiesta y se fue al pueblo corriendo. Los empleados del cortijo, comprendieron, sin ser adivinos, que se había contagiado con el virus del amor. José, con un trote sostenido, hizo el camino en menos de media hora. Cada salto al aire que daba, retozando, por la alegría que respiraba por los poros de su corazón; éste le golpeaba en su pecho, dentro de su alojamiento, por el contento que sentía, por haberse enamorado.

Al llegar a la esquina, donde vivía la mujercita que iba a rondar, se encontró con los mozos veteranos que hacían guardia; esperando que sus novias, salieran a la ventana para hablar con ellas. Esto no sucedía antes de los once de la noche, cuando las familias, de las afectadas, ya estaban acostadas. Las normas eran muy estrictas, en aquella sociedad puritana, de los años cuarenta del pasado siglo.

José, era el último de la fila, de llegar aquella enamoradiza esquina. Lo recibieron con cordialidad; al ser el más joven de la reunión. Todos quisieron ser su padrino, para enseñarle, lo que ellos sabían, por experiencia, sobre el amor y las mujeres. Cuando todavía, no se había acercado, a su querida Julia, por ser el primer día que la rondaba; los asiduos de la ronda, dedicaron su tiempo de espera en instruir a José, en el arte de la conquista. Lo primero que debía de saber, según sus maestros, era lo que le debía de decir, cuando se acercase a ella, por primera vez, a solicitarle su amor.

La noche de autos, no salió Julieta, a dar el paseo de costumbre con sus amigas. José, esperó su presencia, hasta altas horas de la noche. No podía enfadarse, por este pequeño contratiempo, por qué la mujer, de sus repentinos deseos, no sabía que él la estaba rondando. Esta disculpa, comprensible, para su tranquilidad espiritual, fue el motivo de abandonar la calle, su primera noche, de donde pensaba hacerse socio, para mucho tiempo, si recibía el esperado SÍ, de quien se lo debía de atorgar.

Este pequeño contratiempo, no lo desanimó. Regresó al cortijo, con el mismo ardor guerrero que salió de él. Su corazón, era un pozo de dulzura, al haberse enamorado, con tanto entusiasmo, por ser la primera vez que la hacía. La inexperiencia, en estos menesteres, es la virtud principal, debido a sus peculiaridades propias; haciendo que el amor sea, Universal, en sus comienzos, cuando las almas están llenas de proyectos sin empezar.

José, al día siguiente, a la misma hora, emprendió la carrera programada. Iba tan contento y tan feliz, que hacía de caballo y de jinete, apaleándose, con su mano, su propio culo, para correr más. Incluso daba brincos relinchando, tirando coces al aire, como sui fuera un potro retozón. La alegría le salía, sin esfuerzo, por todos sus poros amorosos. Tanta dicha, se la dedicaba a su querida Julia, por haberse introducido en su vida, de contrabando, encrespando sus sosegados sentimientos.

La noche siguiente, cuando no hacía ni cinco minutos que la llevaba esperando, a su Julia del alma, ésta pasó, presurosa, por delante de sus narices, camino de casa de las amigas. Todos, los presentes, lo azuzaron, como si fuera un perro de presa, para que le mordiera en el orgullo de primeriza, si lo trataba con desdén. José, que no le tenía miedo, a las fieras del campo, que no lo asustaban, las grandes tormentas; le entró un tembleque en las piernas, cuando la vio pasar tan cerca, que de no haber echado a correr, andando al paso, no la hubiese alcanzado, en tan corto trayecto.

Una vez llegó a su altura, no se atrevía a decirle nada. Julia, al verlo a su lado, tan avergonzado, sólo hacía que reírse por dentro, para que no se le notara. Por fin, se animó y antes de llegar a donde iba; haciendo un esfuerzo desesperado, con un hilito de voz, casi audible, se puso hablarle de sus sentimientos. Julia, apenas lo entendía, al no hablar claro, por lo nervioso que se encontraba. No sin grandes esfuerzos, le dijo lo que le tenía que decir, por sabérselo de memoria. A Julia, le agradabla él y lo que le había dicho; no respondiendo a sus ruegos, por haberla cogido desprevenida y sin haber consultado con la almohada, para que fuese ésta la que le ayudase a darle la contestación correcta, después de meditarla, sin el sobresalto, inesperado, de su primer noviazgo.

Unos días después, Julia, salió a pasear con sus amigas, por la calle del roce. José, iba al lado, sin saber que decirles, para divertirlas, por faltarle las palabras coyunturales. Las concretas, las escogidas, las del compromiso serio, las guardaba en la hucha de su corazón, para pronunciárselas en el oído, de quien esperaba escucharlas, en su debido momento, con la emoción que serían pronunciadas, por un principiante del amor. Mientras, las tres amigas, al compás de los pasos que daban, se carcajeaban de la intrascendental conversación de nuestro querido amigo. Por falta de costumbre, no sabía que decir para animar la charla. Tenía miedo a no acertar, por cualquier incoherencia que dijera, quedando desacreditado, como un convincente conservador.

Julia, una vez se cansaron de pasear; con un guiño imperceptible, les dijo a sus amigas que la acompañaran a su casa. No quería volver sola; por haber sido el primer día del acoso amoroso. No le había dado tiempo de recapacitar, sobre un asunto de tanta trascendencia, para su futuro noviazgo. Al llegar, se detuvo, en la puerta de su casa, por unos momentos, para despedirse de las acompañantes, con un sonriente adiós. Mientas las amigas, se marcharon solas, por un lado, José, regresó a la esquina donde sus compañeros de fatigas lo estaban esperando, para interrogarle, por qué querían saber, como se le había dado su primera caza amorosa.

José, no tenía ninguna novedad que contar, por haber sido un paseo de tanteo. Dejó, para otro día, dar una respuesta completa, cuando conociera el resultado de su aceptación o rechazo, cuando éste se produjera oficialmente. No obstante, todos sin excepción, le animaron a seguir, insistiendo, hasta conseguir su amor; por mucho que se resistiera. Podía ser una chica presumida, que pretendiese ser adulada, retrasando el sí, por un orgullo vano, con la finalidad de hacerle sufrir, a quien la adoraba de corazón, sin importarle los sufrimientos, ni la intranquilidad de su desesperado amante.

José, que sólo recordaba una sonrisa, de cuando le dijo adiós; regresó al cortijo, con la misma velocidad que empleó al venir, buscando se destino amoroso. No retozada, como a la ida, por él mucho sueño que tenía; pero la carrera emprendida, desde que abandonó las últimas casas del pueblo, era la acostumbrada. Su trote, podía patentarlo, por ser siempre el mismo. Dos minutos, de diferencia, en una legua, no significaba nada, en una competición por capricho.

Volvió a llegar la noche, y ya tenemos a José corriendo, como un deportista ocasional, para ver de nuevo a la mujer de sus sueños. A la velocidad, de costumbre, llegó al pueblo, desacelerando la marcha al entrar en sus calles. Sin detenerse, se dirigió, a la esquina correspondiente, para estar bien de cerca de quien él sabía. La novedad, consistió, en que Julia, salió de casa y en vez de ir, por el camino más corto, en busca de sus amigas, se fue dando la mayor vuelta posible, para que José, tuviera tiempo de decirle a solas, lo que ella necesitaba escuchar de su propia voz. José, le gustaba para marido. No dejaría, por su culpa, que se lo quitara otra más aprovechada; teniendo Julia la preferencia, de un chico guapo, buen mozo, trabajador y honrado.

José, se acercó a saludarla, como Dios manda. Julia, respondió a su saludo, con la coquetería de la que quiere ser agradable, a quien la persigue con buenas intenciones. La conversación trascurrió, entre risa y risa. Los dos quedaron prendados, de sus respectivas simpatías. Sí la pasión se le mezcla, en partes iguales, con la atracción, el resultado es un amor fulgurante: como fue el de estos dos jóvenes enamorados, que se habían comprometido, desde los primeros días, sin rodeos misteriosos, ni estratagemas vulgares; que no conducen nada más que al descrédito de los sentimientos amorosos.

Cómo estaban tan felices, los dos solos, hablando de sus cosas, a Julia se le "olvidó" ir a buscar a sus amigas. Pensó, acertadamente, que el amor debe de ser privado, entre las dos personas que se aman; sobrando los acompañantes molestos. Julia, tuvo el valor, (el primer día, que salía hablar con José), de desafiar a sus hermanos, por quedarse en la puerta sola, un buen rato, conservando con su futuro novio. Lo tenía prohibido, hasta ser mayor de edad, que tendría el permiso de sus padres, después de haber pedido su mano, la familia del beneficiado.

José, no se esperaba, este resultado tan favorable. La emoción le llegó al fondo de alma, entrándole en el corazón un placer desconocido: al recordar, comino del cortijo, él "hasta mañana" con qué fue despedido, por su amada Julieta. Le entraron ganas, por la excitación, de pararse en medio del camino y ponerse a rezar de rodillas, mirando al cielo, para darle gracias a Dios, por ser tan dichoso.

Quien a los catorce años, no se haya enamorado, siendo correspondido, desde el primer día, (sin luchas escandalosas, para imponer él más fuerte su voluntad) no sabe lo que es el amor, con sus dulzuras insuperables. Una vez se serenó, por culpa de las emociones, que se le habían amontonado, en su despensa espiritual; emprendió la marcha triunfal, empezando de nuevo a correr. Cogió la caja de cerillas, que llevaba en el bolsillo y encendiéndolas, como si fueran bengalas luminosas, las lanzaba al aire, para celebrar su entrada en el reino de los enamorados.

El amor, cambió su vida. De estar sin salir del cortijo, por su propia voluntad, olvidándose del pueblo; le bastó una sonrisa de soslayo, después de una mirada embelesada, para que su corazón le pidiese una compañera para siempre. SÍ con su sacrificio, de corredor de fondo, hacia feliz a dos almas jóvenes y alegres, que suspiraban al compás de sus ilusiones sin estrenar; este esfuerzo, no faltaría de su parte. Si su noviazgo sé consolidaba, quedando éste asunto en manos de los dos interesados, pronto alcanzaría, la seriedad conveniente para gozar, sin obstáculos ajenos, de su respectivo amor.

Sucedió, que a los quince días de ir rondar a su amada todas las noches, José se retrasó más de hora y media. Tuvo un pequeño tropezón, en uno de los saltos de alegría que daba; se torció un tobillo y se hizo un pequeño esguince, llegando al pueblo, (poyado en un garrote, que se hizo con una rama de olivo) cojeando. Encontró, a su Julia querida, con la tristeza que se le salía por los ojos, en forma de llorosas lágrimas. Creyó, que se había olvidado de ella, antes de disfrutar de los besos, las caricias y los abrazos. Aquella preocupante espera, le desequilibró sus sentimientos; por el miedo que sufrió, pensando en que no vería más; entrándole un deseo, desconocido, cuando de nuevo lo volvió a ver; no pudiéndose reprimir las ansias de darle un beso sin fin en la boca.

Para que las previsiones se cumplieran, como Julia había previsto, se fue para su casa, pasando por el callejón del suspiro; donde no había luz eléctrica, siendo el lugar preferido de los novios, que no podían hablar por la ventana; para el bautismo de su primer beso. Las mujeres, más maduras que los hombres, en el arte del amor, (cuando la edad es equivalente), no tuvo inconveniente de jugarse su reputación, cruzando por un lugar tan peligroso para su honra. Quiso probar la furia, de su acompañante, ofreciéndole la oportunidad, de que aprovechara la ocasión que le brindaba. José, no había ido a la escuela, no sabía leer..., pero no era tonto. Cuando vio por el toril que lo metía, (con la disculpa ingenua, de llegar antes a su casa, por que era tarde) comprendió, enseguida, lo que pretendía. La cogió del cuello, para que no se le escapara, y le dio un beso en su jugosa boca, de un kilómetro de largo. Julia, aceptó el envite, con la complacencia que se había propuesto; cuando se dirigió, voluntariamente, por aquel callejón tan erótico. Aquella noche, misteriosa, empezó la carrera triunfal, hacía la normalidad de los dulces revolcones, pretendidos por ambos.

Una vez terminaron los besos y los abrazos; empezaron los juramentos de rigor, en todo amor que empieza. José le prometió venir a verla todas las noches, hasta el día de la boda. Incluso, lo haría, cojo de los dos pies. Aquel recto, dicho con el sabor de sus besos en los labios, le dio a Julia, el oxígeno puro que necesitaba; para ser ella la que besara a él, como una desesperada, para agradecerle el juramento, que le acababa de hacer, voluntariamente, debiendo cumplirlo, para no ser un perjuro.

Este fue el motivo, por el que José no quiso faltar a su juramento, pensando que de hacerlo le podía pasar algo malo, por jurar en vano; cosa que por su poca cultura y su corta edad, lo creía gravísimo, La vida la pudo costar, por querer cumplir, como un hombre de palabra, la promesa que le hizo, ante la cruz de Caravaca, que Julia llevaba colgada del cuello.

Una vez sus relaciones se habían formalizado, no podía faltar un día a la cita, de no ser por causas ajenas a su voluntad. Un día del mes de

Diciembre, de aquel mismo año, se puso a nevar, como solía ser costumbre que lo hiciera por aquellas fechas. José, que no había faltado ningún día a su agradable cita, con su "chivita", (como le llamaba cariñosamente), tampoco lo quiso hacer el día de marras, arriesgando su vida en el intento.

Antes de las tres de la tarde, de tan aciago día, José había acabado de echarle de comer a las ovejas; que se encontraban encerradas en la cuadra, por culpa de la nieve que había caído la noche anterior; no obstante José estaba dispuesto en ir al pueblo, aprovechando que había dejado de nevar. Todos los empleados del cortijo, le aconsejaron que desistiera de hacerlo. Si se volvía a poner a nevar, no podría llegar vivo al pueblo, por lo mal que se encontraba el camino, por el que tenía que desplazarse.

Los enamorados, no suelen escuchar la voz de la experiencia. Se creen infalibles, no calculan los riesgos, por vivir el filo de las emociones radicales. ¿Qué le podía pasar a él, que era joven, fuerte, valiente, en un trayecto de una legua, conociendo el camino como la palma de la mano? Nada malo, por no ser la nieve un obstáculo insalvable, para quien todos los años vive con ella, sin asustarse de su espesor; saliendo, por muy abundante que ésta fuera, todos los años de rastros, para cazar las liebres, sin haber tenido nunca el más mínimo percance.

Se empeñó en ir a ver la mujer, que le había doblegado la voluntad, sin que todos los razonamientos, contrarios a su decisión, tuvieran el más mínimo efecto persuasivo. Tuvo la preocupación de avisarles, que si no venía a dormir, por que el mal tiempo empeorase, se quedaría en casa de su madre. Este nuevo concepto, hecho con buena intención, intranquilizó, más si cabe, a los compañeros de trabajo. Nunca podrían saber si había llegado, añadiendo más confusión a la desdichada partida para el pueblo.

Al poco de salir del cortijo, se puso a nevar con una furia desconocida; como no lo había hecho antes nunca. Con su mano, no daba abasto, para quitársela de la cara para poder ver. Ésta se le estaba helando, por culpa del aire cierzo que se había levantado. Los copos que caían, eran más grandes que las hojas de parra, bajando del cielo a montones. Al comprobar las dificultades en las que se había metido; empezó a pensar que podía quedar atascado en el camino; sin poder pedir ayuda, porque no habría a quien solicitársela. En los días tan adversos, nadie sale de casa, sino es por una urgencia. Sólo los enamorados, inconscientes, se arriesgan a morir, por no defraudar a la persona de sus compromisos, contraídos bajo juramento.

Rendido, por las desfavorables circunstancias climáticas, no pudiendo más, cayó rendido al suelo, a menos de trescientos metros de las primeras casas del pueblo. Le faltaron las fuerzas, para llegar a la esquina de sus deseos amorosos. Venir desde tan lejos, en una horrible tarde, le daría una estimación, personal, definitiva; desestabilizando, para siempre, el corazón de su romántica novia. Este ejemplo, de amor ciego, tendría su compensación, correspondiente, en la primera oportunidad, que se le presentase, de cobrar su rédito amoroso. José, pensaba esto, mientras caminaba con dificultades.

No murió de frío, porque en el cortijo, cuando empezó a nevar sin cálculo, tuvieron la intuición de que no había podido llegar al pueblo. Para dormir todos tranquilos, uno de los que trabajaba de gañan, cogió un caballo percherón, de los de arar y se fue a buscarlo. Siguió los rastros, que había ido dejando en la nieve. Aunque las ventisca los tapaba; como conocía el camino, no se desorientó, llegando a encontrarlo, desvanecido, tirado en el suelo boca abajo.

Todavía tenía vida, por que pasó muy poco tiempo, desde que cayó a tierra, hasta que fue socorrido por su compañero. En casa de su madre, cuando entró en calor, recobró el conocimiento. A la mañana siguiente, ya estaba bueno. Él haberse puesta mucho ropa, bajo del capote que llevaba puesto, fue la causa de que no cogiera un enfriamiento perjudicial para su salud.

Julia, al enterarse de lo sucedido, al día siguiente, le entró un dulce dolor en el corazón. Un hombre, que había arriesgado su vida, por su amor, era digno de darle todo el cariño de su alma, a quien tanto la quería. Este accidente, pasajero, fue motivo suficiente para disculpar a su queridísimo José, de que no viniese a rondarla, cuando nevase mucho, lloviese torrencialmente y sé desatase un vendaval que le impidiese llegar al pueblo, con cualquiera de estas dificultades. Para conocer los que faltaba, Julia hizo una tarja, en la que apuntaría los días que faltó, encontrando sólo once muescas, en los ocho años que fueron novios. ¿Qué novio, de los de hoy en día, recorrería dos leguas diarias, una de ida y otra de vuelta, para ver a su novia? ¿Lo harían, si fuesen tan felices que José y las circunstancias así sé lo aconsejaran? ¿Quién tiene la culpa, de que el amor esté hoy en día tan devaluado? ¿La sociedad en la que vivimos? La causa, no se sabe a ciencia cierta; pero es un hecho, que no necesita demostración: los amores de hoy, no son tan duraderos como los antiguos; habiéndose perdido, para desgracia nuestra, el mayor bien que significa la felicidad que proporciona un amor único y verdadero para toda la vida.

FIN.

EL HIJO PRÓDIGO

CUENTO

María era la mayor de doce hermanos. Desde joven había hecho de segunda madre, por tener que ayudarle a su progenitora, a cuidar aquella familia numerosa. Esta faceta de su vida, la hizo ser una mujer con un instinto maternal exagerado. Por los genes que mamó, le corrían unas ansias desbocadas de ser madre joven.

Cuando sólo llevaba un año de ser novia, le propuso a su prometido que debían de casarse, cuando cumpliera el servicio militar. El novio, que estaba enamorado, hasta las raíces de su ser, acepto encantado la feliz propuesta. Como habían acordado, se casaron, al poco tiempo de cumplir con la Patria.

María, que tenía envidia de su madre, por lo bien que le sentaba la preñez y lo contenta que se encontraba con la barriga llena de vida de un nuevo ser. Por concebir un hijo, rápidamente, sacrificó el viaje de bodas. No lo quiso hacer, para que el cansancio del viaje; no le restara al marido las energías que ella le iba a demandar para, con un poco de suerte, y el esfuerzo físico, quedar preñada el primer día.

Para engañar a los conocidos y hacerles creer que se habían ido al viaje de bodas tradicional. Antes de casarse fue llevando, poco a poco, a su nueva casa, la comida y la bebida que necesitaría para pasar los días que fingieron haber estado en Mallorca.

Cómo se casaron, el 12 de Julio de 1.964, en pleno verano; cerraron bien la perta y las ventanas, para que nadie los viera y los oyese. Echaron el colchón de la cama al suelo, para que no hiciera ruido el somier, con los saltos del tigre; se desnudaron y sólo hacían lo previsto en la luna de miel; comer, dormir y lo demás... Los ocho días, del encierro voluntario, nunca los olvidarían, por lo bien que lo pasaron, debido a lo enamorados que estaban.

Cuando tenían hambre comían, cuando tenían sueño dormían, cuando tenían calor se bañaban y cuando tenían ganas de retozar retozaban. Pasaron una semana gloriosa. Después de su experiencia positiva, no tendrían inconveniente en aconsejar a los conocidos, lo bien que se pasa en casa la luna de miel. Nada de viajes esos días. El único viaje que vale la pena, es el del amor, en la tranquilidad del hogar.

María, tenía 21 año y su esposo 23. Los dos se encontraban sanos, eran fuertes y estaban enamorados hasta más no poder. Ni un león, es capaz de igualar el record de las veces que sobaron el flex. En ocho días, con el mismo trajín, (Mario, que así se llamaba su marido), solió derrengado de la luna de miel. Su ardiente mujer, lo dejó sin tuétanos en los huesos, de tanto exprimirlo, sexualmente, con el desmesurado deseo de quedarse embarazada.

Lo más triste, de tanto esfuerzo sexual, es que no dieran los frutos esperados en el vientre de Maria. Él bebe, que encargaron con tanto empeño, no fructifico, como era previsible que así fuera, no habiéndose quedado preñada hasta la boca, como era su deseo. Por mucho que ahondaba, el machote de Mario, en el humero de María, ésta nunca tuvo un hijo suyo; por culpa de unos sarampiones, mal curados, que tuvo de pequeña, quedando, por esta desdichada enfermedad, yerma de por vida.

María, que, por ver nacer un hijo suyo, hubiese dado la vida, con una sonrisa en los labios. Sin merecerlo, según su manera de pensar, había sido castigada con no poder ser madre, que era lo único que la hubiese hecho feliz. Una congoja, rebelde, le estrujó el alma, cuando se enteró que su matriz estaba más seca que el alma de un avaro. Nunca se le podría hinchar la barriga, con el crecimiento de un hijo dentro. Este, desdichado, inconveniente, le quitó las ganas de hacer el amor. Si no podía tener hijos, no valía la pena tantos esfuerzos baldíos; dejando descansar a su agotado marido que, hasta que conoció ser estéril, lo había hecho un esclavo de su coño.

El primer síntoma, de su enfermedad espiritual, fue una tristeza agobiante, que la dejó en las puertas de una depresión de larga duración. El alma se le desangraba, y su flujo líquido rojo le encharcaba el corazón, por haber perdido el ritmo que necesitaba para bombear la sangre y repartirla por todo el sistema circulatorio, por la maldita desgana de vivir. Su vida llegó a peligrar, por caer en el desánimo, que es un mal traicionero, pudiendo amargarle la existencia a cualquiera que se deje de atrapar, por la insatisfacción del vivir diario, al no tener proyectos claros, por faltarles el brío, que se necesita, para que no caiga el alma en los desengaños espirituales.

Su obsesión, por ser madre, la llevó, con el tiempo, a sentir vergüenza de salir a la calle con la panza lisa. Maria, quería pasear su barriga llena, con un hijo suyo acurrucado en la cuna de su ser. Su esposo, no sabía que hacer para alegrarle la vida. Deseaba que volviera ser la mujer que había conocido y lo había hecho tan feliz.

Llegó, con la tristeza como excusa, a perder el deseo de hacer el amor. Ella, que había sido una mujer ardiente, se había desquiciado con su fallida maternidad y como se comparaba, con una fábrica de hacer chiquillos, al no ser capaz de tener ni un mal aborto; se consideraba una inutilidad para la sociedad, por no ayudarle a ésta a crecer y multi-plicarse.

Su marido, para ayudarle a salir a la calle, no le quedó otra solución que cambiar de pueblo. Se fueron a vivir a otra ciudad, donde nadie los co-nocían. Maria, no podía escuchar, cuando salía por la calle, que le dijesen en su cara, con guasa, que era una mujer machora; que era lo peor que se lo podía decir a quien estaba atormentada por su frustrada maternidad.

En el nuevo pueblo, donde se fueron a vivir, él se puso a trabajar en una empresa de instala-ciones eléctricas. Hizo amistad con un compa-ñero. Éste tenía una hermana monja, que prestaba sus servicios en una inclusa. Por mediación de ella, les dieron un precioso bebe de seis semanas. Su descastada madre, lo había abandonado al nacer.

El niño, (que estaba sin bautizar), se lo dieron como propio. Le pusieron el nombre de Jesús y los apellidos fueron de sus padres de adopción. Cuando, Maria, volvió al pueblo, después de dos años de ausencia lo hizo, con la intención de que la vieran con su hermoso niño en brazos, para acallar los rumores, siniestros, sobre su maternidad.

María, con un niño a quien cuidar, empezó a recuperarse de la depresión, que le había hecho perder las ganas de vivir. Feliz y contenta, como correspondía a su alegra carácter. La verdad, sea dicha, es que no lo quería como si el niño lo hubiese parido ella. Ya lo dice el refrán. "Cuándo no hay pan, buenas son tortas" Si aquel hijo prestado, lo quería tanto, se preguntaba, ¿Cuánto se puede querer a un hijo propio?

Cuando se vive, con los sentimientos por delante, la vida ofrece todas las emociones, que el alma humana es capaz de canalizar en cualquier dirección. No tiene otra explicación, convincente, el hecho de con los años llegase a enamorarse, perdidamente, de quien no debía, de su único hijo. Una vez éste se hizo un hombre guapo, alto, fuerte, vio en él a un ser seductor, capaz de hacerle perder la razón de madre. Otra vez más empezó, en su alma, la lucha que le hizo perder los nervios de nuevo. De haber sido hijo legitimo, parido por ella, la sangre de sus venas no se le hubiese calentado, lascivamente, con la fuerza que lo hizo, por respecto a su descendencia.

Vivir en la misma casa, con el hombre que tienes por hijo, que sabes que no lo es, resulta en peligro continuo. Sólo la vergüenza, de ser rechazada, si le proponía un acto tan indigno, (a quien consideraba su hijo propio), era el único freno que le impedía acostarse con él, sin tapujos rebuscados. Maria, sabía que su hijo nunca se acostaría con ella, mientras supiera que era su madre verdadera. Nunca miraría, a su madre, con malos ojos, por más que Maria le incitaba hacerlo, con sus provocaciones, sentimentales, contrarias al decoro. Por este camino, su deseo nunca llegaría al lugar que pretendía. A María, no se le ocurrió otra estratagema, más perversa, que convencer a su marido, para ir a un Sociólogo, para que les aconsejara si era prudente decirle al "niño" que no era sus padres. Podrían ayudarle a encontrar sus padres legítimos, sin tener que enterarse, por terceros, lo que con tanto éxito le habían ocultado durante dieciocho años.

El Sociólogo, les aconsejó que, en el momento propicio, le contaran la verdad, para que él supiera en la situación en la que se encontraba. Como ya era mayor de edad, podía decidir su propio destino, como corresponde a cualquier ser libre, que ya es capaz de decidir por si solo lo que le interesa.

Si al hijo, le sacan los ojos, con un sacacorchos, sin anestesiar, no hubiese sentido en dolor tan espantoso, como el que experimento cuando conoció la verdad de su desconocida descendencia. Aceptó, con dolor de corazón, la realidad como era, por qué así lo había querido el destino, dueño de nuestros quebrantos, sin culpar a nadie de su infortunio. De no encontrar, a su verdadera madre, le causaría, en el futuro, un sin vivir, comprensible, en todo ser que busca sus raíces.

La vida en el hogar, desde aquella revelación, seguía su curso normal. El hijo, continuó queriendo a sus padres adoptivos, porque no había conocido otros. Ellos lo habían criado, educado, dándole los estudios que él eligió. Sucede, que lo que tira la sangre, no tiene comparación con la vida regalada que al afectado le pueden obsequiar quien los recoge.

Pronto ocurrió, lo que tenía que ocurrir: lo que Maria había previsto que ocurriera con antelación. El hijo, una vez supo que la que había fingido ser su madre, no lo había traído al mundo. Sólo había hecho que criarlo, empezando a mirar a su ex madre, con ojos diferentes; de cómo lo hacía cuando pensaba que era su progenitora. Esto era lo que, la pérfida Maria, deseaba que sucediera; que la mirase como a una mujer de cuarenta y tres años, que estaba muy en forma para la guerra de los colchones.

La mayor parte del día, los dos se lo pasaban en casa. El se iba a la Universidad por la mañana, llegaba a la hora de comer y la mayoría de las tardes se las pasaba en casa estudiando. María, aprovechado su estancia en el hogar, empezó a ponerse ropa llamativa para incitarlo. Descuidaba, intencionadamente, las formas decentes de vestirse. Muchos días, para ir calentándole los deseos; se ponía una bata sin mangas, siendo estas muy anchas, por donde podía verle, sin ningún inconveniente, sus empingorotados pechos, que los tenía duros como dos guijarros. Los conserva tan firmes, por que nunca tuvo que darla de mamar a sus hijos, por no haberlos tenido. Por estos enormes agujeros del vestido, que quedaban alrededor de sus brazos, Jesús le veía los pechos, por no llevar sostén; cuando le apetecía excitarlo. Maria, sabía que había logrado encelarlo. Muchos días, si el ardor genital la trastornaba, se olvidaba, con mala fe, de ponerse las bragas; descuidando cerrar las piernas, para que su negro felpudo la pudiera retratar, con su pícara mirada, quien desde enfrente no le quitaba la vista de encima. La baba, se le caía, arrastrándole por el suelo, de la envidia que le daba ver aquella función, erótica, en blanco y negro, gratis.

La pasión encendida, con el fuego fatuo, se extendió por todos los rincones de la casa. Maria, un día dejaba la puerta abierta del baño, esperando que entrara su "amante" y le pasara la esponja por la espalda, donde ella no podía llegar. Otro día, (Jesús, se había quedado escuchando, caer el agua de la ducha, con el oído pegado en la puerta, sin atreverse a entrar) y para que esto no volviera a suceder, la próxima vez, dejó la puerta abierta de par en par, para que la pudiera ver desnuda, si tenía valor de hacerlo, sin disimulos.

Por el respecto que se tenían, era muy difícil, para los dos, declarar, sin rodeos, sus respectivos amores. Si Maria, le decía abiertamente, que no podía soportar su presencia sin derretirse de pasión, él se podía enfadar, sino estaba de ella enamorado; por tan brutal falta de respecto. Lo mismo podía suceder al contrario; por lo que Jesús, que ya había caído en las sutiles redes amorosas que la había tendido; aunque se muriese de envidia, nunca le diría nada por vergüenza.

Las mujeres, cuando quieren con seguir un deseo; disponen de medios suficientes para lograrlo. Con diplomacia, en la primera oportunidad que tuvo, sin levantar sospechas, que se pudieran interpretar como un chantaje, se acostó con su hijo del alma. Fue un diecisiete de Diciembre, (el año no importa). Se fue con su marido a la Misa de la

Virgen, que empezaban a las seis de la mañana. Su esposo, cuando termino ésta, que era cantada, se marchó desde la Iglesia al trabajo, mientras que Maria regresó a su hogar. Hacía un frío siberiano. Había nevado el día anterior, ésta se heló y el aire, que corría por la calle, cortaba el resuello. Llegó a su casa, titiritando de frío, fingiendo estar más helada de lo que decía; siendo esta la disculpa perfecta para meter sé en la cama, donde dormía, con un ojo medio abierto, su hijastro. No quiso quedarse en la suya, por que estando ella sola, y no entraría en calor en el tiempo que estuviera acostada.

La muy desvergonzada se puso, a pesar del frió que hacía, el camisón que no estrenó la noche de bodas, el llamado (picardías, por lo poco que le tapaba) sin más preámbulos, se metió en la cama, donde estaba acostado su "niño"; diciéndole que la calentara, para no coger la gripe. Como, Maria, se apegó a él, todo lo que pudo, con la intención de ser violada. Enseguida encontró la respuesta que buscaba. Jesús, instintivamente, llevó sus manos a los lugares reservados a su marido: encendiendo, con sus lascivos toqueteos, la pasión que les faltaba para abrazarse, como fieras hambrientas de sexo, acabando allí un amor maternal-filial, muy tierno, y empezando otro nuevo, de signo diferente, paro más inmoral.

FIN.

EL VIAJE

CUENTO

En la vida de un ser humano, no existe un acontecimiento comparable, al del primer pinchazo amo roso. El alma, del afortunado, por el certero flechazo de Cupido, se pone de canto y se empina para recibir, con los brazos abiertos del deseo, el milagro del nacimiento del amor.

Una preciosa chiquilla fue la causa, Involuntaria, de que el corazón, retozón, de Luis, empezara a dar saltos de alegría continua, dentro de su alojamiento; cuando los dos, por orden del mágico destino, hicieron un viaje en carro, tirado por mulas, de treinta y dos kilómetros de distancia; siendo éste de siete horas, para el resto de los pasajeros y de un soplo para el nuevo enamorado.

Les tocó ir juntos, en la parte trasera de aquel destartalado carruaje. Sólo hacía que traquetear, por culpa del mal estado en que se encontraba el camino. Tan rudimentario medio de trasporte, cada vez que cogía un bache grande, se balanceaba, de un lado para el otro; como suelen hacer los borrachos que todavía pueden andar. Luis, se aprovechaba, del continuo vaivén, para refregarse con ella. Más de una vez y más de dos, sin querer le rozó con su antebrazo, los pequeños pechos, de su, idolatrada, compañera de viaje.

La chica, aceptaba los disimulados toqueteos, con la resignación de quien sabe que el carro no tiene suspensiones, siendo el mal estado del camino el culpable de que el movimiento los empujase de un lado para el otro; no habiendo más remedio que soportar tanta incomodidad, debido a las conocidas circunstancias.

Lo que sí se puede decir en alta voz, para que se enteren los descreídos: el amor tiene asegurado su futuro, con los jóvenes que sé incorporan a la edad de soñar con los dulces placeres del incalificable amor. Aquella noche, concreta, en un carro de labranza, un corazón juvenil empezó a emocionarse, con la presencia de la persona que había elegido, para que fuera la madre de sus hijos, si ella le correspondía.

No existe una explicación, convincente, para que pueda ser tan grande la pasión que despierta este sentimiento Universal. Este fuego, que abrasa la sangre y la enciende, cogiendo temperaturas tan elevadas; es por que lo pide el cuerpo, que no le importa el sacrificio, cuando es necesario, por el bien infinito de la procreación, que es la que pone la pasión en los corazones, para la unión de los deseos contrarios, de todas las especies, en primer lugar la humana, que es la más beneficiada, con este menester concreto, si el matrimonio es un éxito.

Un corazón cerril, en asuntos del amor, cuando coge velocidad y se embala, hay que detenerlo a tiempo, para evitar que se estrelle contra el muro de los sentimientos contrarios. No se puede ser caprichoso y a pedirle (a quien lo tiene guardado en su pecho), que conquiste, sin demora, el de la persona que él le ha hecho perder el control de su paciencia.

El viaje duró mucho tiempo, por culpa del lento andar de los dos viejos mulos. En los años cuarenta, en los pueblos agrícolas, había muy poca cultura y mucha educación tradicional. Al ser los más jóvenes, de los viajeros, no podían Inter.- venir en la conversación de los mayores, sin el consentimiento de éstos. Como no les dieron la palabra, terminaron por aburrirse. Petra, (que así se llamaba la moza) se puso a dormir de verdad, terminando, sin darse cuenta, dejando caer, su pequeño cuerpo, sobre el hombro de Luis; llegando a descansar, un buen rato, encima de las rodillas de quien tanto la quería.

Luis, con el amor flotando entre los entresijos de su alma, no pudo pegar ojo en todo el recorrido; por ser más fuerte la pasión, de sentir la música de la respiración de su musa; al sueño sin control del mismo. No quiso perderse, unas horas irre- petibles, escuchado el canto sonoro del corazón de su amada, que latía despacio, con nitidez, cerca de su atento oído, por ponerlo muy próximo.

De Luis, era tanta la impaciencia, de saber si lo quería, que de haber estado solo con ella, en cualquier lugar del mundo, le hubiese declarado su amor, mirándole fijamente, sus interminables oja- zos, color de la esperanza. No podía vivir tran- quilo, con la incertidumbre a cuestas, por no estar dentro de ella y conocer el resultado de sus ocul- tos sentimientos amorosos.

Este hecho, cotidiano, entre las parejas que empiezan, resulta desolador para quien no tiene espera. Luis, quería que le dieran si o el no, sin demora, siendo esto imposible en un pequeño pueblo, donde las mujeres, para hacerse valer, retrasaban, todo lo que les era posible, el Sí definitivo.

Nadie se muere, de repente, por un amor incierto. Sucede, que el afectado por el certero tantarantán del amor, cree que no podrá seguir viviendo sin la persona amada. Estas cosas, tan tiernas, siempre han sido a sí de románticas. El alma, la parte interesada en el juego amoroso; se enternece y cede a los dictados del descerebrado corazón. El conflicto se agrava, por quedar desestabilizado el sistema nervioso, que es el que tiene él deber de regular las condiciones de paz interna, entre ambos sentimientos amatorios.

Después de más de siete horas de viaje, llegaron al pueblo. Eran las tres y cuarto de la madrugada. Habían salido, a las ocho y diez de la tarde del día anterior. De no haber arribado, a deshoras de la noche, Luis, el impaciente, sé hubiese ido a la puerta de Petra a conquistarla.

En estos casos tan importantes, para los adolescentes, no se puede hacer un alto para reflexionar. Hay que lanzarse al ataque, con el brío que proporciona la sangre nueva. Cuando depende la felicidad, de él que sufre de amores, no hay motivos suficientes, para esperar a que el corazón se sosiegue y pueda recorrer el camino emprendido con las mayores garantías de éxito.

Es inútil convencer a un desesperado. Éste no admite consejos vanos. El que tiene el fuego en el cuerpo, no le valen las razonas convencionales. Es imposible detenerlo, con sugerencias que no escucha. Necesita, el afectado, estrellarse y apreder de los fracasos. Contra la voluntad ajena, no se puede luchar. Tenía que llevarse, un desengaño amoroso, que le costase reponerse, para que comprendiera que no se puede avasallar, a quien no tiene prisa en empezar una relación seria; cuando se es demasiado joven; teniendo tiempo suficiente para sufrir y gozar, con un sentimiento tan incierto, como es el amor apasionado.

Por fin llegó la noche siguiente. La esperada, por el angustiado Luis, para ir a rondar a la mujer que le había sobresaltado su tranquila vida. Al rato de estar esperando, frente a la puerta de Petra, ésta salió a comprar un kilo de sal, que se le había olvidado a su madre. La tienda estaba en la misma calle donde vivía. Luis, al verla, aceleró el paso, para llegar rápido a su altura y poder hablar con ella de amor. No sé quien de los dos tenía más miedo. A él se le secó el paladar, por la falta de saliva y, a Petra, le temblaban las piernas, por las mismas causas, cuando supo las intenciones, con las que se le había acercado Luis.

Con una emoción, indescriptible, con una tartamudez desacostumbrada, al acercarse le dijo.

--Por favor.

Petra la contestó.

--Sin favor...

Luis lo volvió a replicar.

-- ¿Tienes amores con alguien o los quieres tener conmigo?

Petra, con un hilo de voz, le volvió a responder.

-- No los tengo con nadie, ni los deseo tener contigo. Soy muy joven.

Nada más terminar, de pronunciar las últimas palabras, salió corriendo y se refugió en la tienda. Cuando salió, con la sal, volvió a salir corriendo y se metió en su casa.

Luis, quedó desolado. Nadie que no haya pasado, por un trance similar, puede comprender lo que le costó reponerse del desprecio. Él, con su inocencia sobre el hombro, se creía que podía conquistarla el primer día; con solo decirle que no había dormido la noche anterior pensando en ella.

En los años cuarenta, del siglo pasado, por costumbre o por tradición; una mujer no podía aceptar por novio el primero que llegase con la intención de pasárselo bien a costa de su honra. Ser, honrada, le daba a la mujer, un valor inestimable. El tener un solo novio, que llegase a ser su marido, era un orgullo, por el cual tenían que luchar, para no ser una persona devaluada, ante el segundo novio, si lo encontraba. Muchas veces, para no quedar solteras y desconocer la gracia de que Dios le había dado; la mujer que la dejaba el novio, tenía que aceptar un hombre, del que no estaba, en principio, lo enamorada que a su alma le apetecía.

Por estas circunstancias, en los pueblos, Luis, tuvo que sufrir lo que no le correspondía, por ser su amor, desde el primer día, un amor sincero. Cada noche de ronda era una más, sin que pudiese conseguir su ansiado SÍ quiero. Con la disculpa de la juventud, lo solía despachar, cada vez que se acercaba para pedirle, qué por el amor de Dios, no le hiciera sufrir más, que estaba al límite de sus fuerzas amorosas.

Tres largos años, es mucho tiempo para comprobar la fidelidad de un hombre. En este Inter.-minable periodo de tiempo, ni una solo noche hizo novillos. Su amor, sin controles impuestos, no le permitía dejar de verla, cuando ella quería salir a pasear. Con tan poco se conformaba. Cuando el amor es sincero, los jóvenes están preparados para hacer los mayores sacrificios que un hombre puede hacer por una mujer.

Por fin, después de tanto insistir, al corazón de Petra le entró un ramalazo de ternura femenina y lo invitó a pasar, el día de San Marcos, en el campo, como era tradición en aquella población. Todos los que salían al campo eran jóvenes y no tenía vigilancia de las personas mayores. Las parejas; por esta falta de custodia, buscaron cualquier escondite, para conversar a salas de sus asuntos amorosos. Para Petra y Luis, aquel inolvidable día, por primera vez, podían hablar cara a cara, mirándose a los ojos. Éstos a descubrir la ternura, que derramaban sus penetrantes miradas, se les empinaron los instintos, llenándose de deseos deshonestos y sin habérselo propuesto, previamente, terminaron besándose en la boca. Fue tanta la pasión derramada, por sus respectivos cuerpos, por el placer que experimentaron sus hambrientos corazones, por el cariño recibido, que no sabían como separar sus labios, de los pegados que los tenían. Sus cuerpos, superconductores de alta felicidad, sé extremecieron por dentro, con el "calambrazo" de la corriente amorosa que les traspasó el alma, dejándolos electrocutados de gozo.

Después del día de marras. Veinticinco de Abril, yo no hubo más disculpas. Como Petra, estaba tan enamorada o más que Luis de ella; todos las noches, procuraba encontrase y hablar de sus cosas, que siempre solía ser de lo que a los novios les gusta tanto, que no es de otra cosa, que de los abrazos y los besos.

FIN

PEPE, EL POETA

CUENTO

Una gran ciudad, es un engaño, parece que se vive, pero no es cierto. Claro, que dentro de este timo, que nos endilgan en las grades urbes, hay varias formas, más o menos perjudiciales, para el que reside en ellas. Hay muchas maneras de amoldarse dentro de su ambiente y muy diferentes todas entre sí. Sólo las une un denominador común llamado progreso.

En la parte buena, encontramos muchas cosas valiosas y de provecho, como es los teatros, los cines, los toros el fútbol, las exposiciones, las tertulias y toda clase de centros docentes para el desarrollo de la cultura...

De la parte intermedia, tenemos en los adelantos, nuestros peores enemigos. La prosperidad, tal como los hombres la conciben, es el mayor adversario de todo lo humano. El que quiera vivir, dentro de la actualidad que le circunda, tiene que multiplicarse, varias veces, si quiere abarcar todas las facetas que éstas encierran.

Desde el momento que existen, las sirenas de las fábricas, hay aquí, en este instrumento, un signo negativo. La puntualidad y la rutina, dentro del trabajo, son dos cosas inminentemente contrarias a nuestros sentimientos.

Nadie se puede adaptar a la regularidad de esta pieza mecánica, sin sentir sus efectos. El cumplimiento de lo expuesto, anula por completo la personalidad, algo imprescindible, en cualquier ser racional, llegando con el tiempo, a ser una ficha más para la estadística.

Y, en la mala, tenemos el vicio, con sus garras destructoras, habiendo infinidad de lugares para propagarlo. Luego a esto se le una la libertad para practicarlo, siendo fácil deshacerse de la moral, en este ambiente; algo imprescindible en nuestra existencia.

Hoy, ya se practica, en todas sus formas, en la propia calle Los Gobiernos del mundo, están obsesionados con la política; llegando abandonar todo por ella; aunque cause más ruina, más desgracia, más quebrantos, y más calamidades, el vicio, que todas las guerras juntas. El día que comprendan, que toda su eficacia la tienen que emplear en acabar con el libertinaje, habrá llegado el momento oportuno de tomar: ¡coñac quinientos uno! , para celebrarlo.

Esto era lo que hacía Pepe, el personaje de esta historia, beber, coñac, anís; hasta llegar al popular Valdepeñas. Bebía, por qué sé consideraba un inadaptado. ¿Por culpa de la gran ciudad?

Llevaba una vida errante, porque según él, nunca había tenido una oportunidad, para poder manifestar su singular arte. Nadie le quiso ayudar, puede que porque no lo mereciera. Esto sería lo más normal..., pero Pepe no lo entendía así. Por más que buscó, una ocasión de presentarse en un gran teatro ante el público, su público, no pudo ser. Nadie creyó en él y fue entonces, desanimado de tantos fracasos, cuando decidió hacer lo que hacía, actuar en las plazas públicas. De esto vivía bastante bien. Aprovechaba, el dinero que recaudaba, alargando la mano para recibir las limosnas que le daban. Como comía poco y bebía mucho, siempre estaba a tono con las circunstancias.

Cuando se encontraba ebrio, que era casi siempre, se hacía en gracioso. Entre otras cosas: le pisaba las tripas a todos los charcos que había por las calles, los días de lluvia. Algunas veces, volvía atrás, para pisarlos dos veces, como represalia, pos haberse mojado los pies. ¿Qué esperaba de tal acción? Los borrachos son muy obstinados.

Esto lo sabían bien, las chicas de servir, de la plaza donde Pepe tenía instalada, permanentemente, su tribuna pública. No crean que, como he dicho tribuna pública, se dedicaba a pontificar sobre la política. No sabía nada de ella. Cuando lo conocí, que fueron los años más duros de la dictadura, su vida pública estaba al margen de la política. Como ésta no estaba permitida, nunca lo oí hablar de ella. No se había enterado que axistía. ¡Qué suerte la suya!

Lo que son las cosas de la vida, la ejercía a la perfección sin saberlo. Vivir sin trabajar, a cuerpo de Rey, sólo estaba al alcance de la clase política, sin distinción de ideologías.

Para acudir al tajo, no tenía hora fija. Iba cuando le apetecía, como hacen los hombres independientes. He de reconocer, que tenía la virtud de acudir a la plaza cuando ésta estaba más concurrida.. Pueda que lo hiciera sin proponérselo... Acaso por instinto... Por experiencia... ¡O sepa Dios por qué! Pero el poeta Pepe, autor, actor y especialista en monólogos, como así ponía en las tarjetas de visita, siempre llegaba a tiempo de actuar con la aplaza llena, como los buenos toreros...

Si las criadas, lo escuchaban, era porque no se podían marchar. Estaban al cuidado de los niños, de los ricos, mientras ellas practicaban con los soldados de turno, la manera de matar el tiempo, impuesto por su señora, que los había mandado a que les diera el aire y tomaran el sol.

Sus monólogos, eran de lo más disparatado. Pasaba de lo cómico a lo trágico, con la misma facilidad, que lo hacía del vino al coñac. (Si no fuera por que los concursos, en su apartado segundo, dice textualmente, que el cuento tiene que ser inédito, enviado por el autor, copiaría un monologo de cal y otro de arena, que era la argamasa con que los hacía, para que ustedes conocieran mejor al personaje principal de nuestra historia. Las bases, son las bases. Aunque lo deseo no puedo, no vaya a ser que por complacerles, pierda el premio gordo por no concursar legalmente; después de que ya tenga hecha la hucha para guardar el dinero, y como dice el refrán, "más vale pájaro en mano, que ciento volando")

Si es necesario, escribiré un cuento de mi cosecha, aunque tenga que alumbrarlo del secano de mis ideas, antes de copiar ni una j. No es culpa mía, el que no pueda dar a conocer su obra. Convoquen un concurso, sin premio en metálico, y un servidor será el mayor plagiador del país.

Todavía puedo tener la suerte, si alguna de aquellas amables sirvientas, que también conocían los monólogos de Pepe, los recuerden de memoria. Si yo conozco, una parte importante de su repertorio, se debe a que me acercaba, por aquella plaza, de vez en cuando; ¿Qué no recordaran ellas, que cuando llegué ya eran veteranas y todavía fui a despedirme, cuando cumplí la mili, por que muchas todavía seguían de sirvientas?

El primer día que conocí a Pepe. Estaba subido en cima de un banco público. Empezó por rascarse la cabeza con guasa, antes de empezar su monólogo) "Me piden que les hable del amor. ¿Qué quieren que de él les diga? (Extendía los brazos, como si quisiera hablar con ellos) El amor, el amor, ¡ay el amor! (Suspira) ¿Quién de los que hemos llegado a la pubertad, no lo ha sentido? Todos, sin excepción, lo hemos sentido alguna vez Son las mujeres, algo tan exquisito... Ocultan también sus gracias, que no podemos resistir a la tentación de conocerlas a fondo... Hasta incluso, si podemos, palparlas.. (Se oyeron voces de protesta, por parte de la mujeres presentes). Luego lo demás ya se sabe. Una vez se conocen bien. Cuando ya no tienen nada con que engañar a nuestra imaginación, las acusamos de ser, el mismísimo diablo en persona. (Pausa. Vuelven de nuevo las voces de protesta del sexo débil) Pero no. Las mujeres son, lo mejor de lo mejor, lo digo yo que lo sé ¿Vale?" (Aplauden, las mujeres, estas últimas frases)

Otras veces, aprovechando que salían los estudiantes del colegio y pasaban por la plaza, fingía ser uno de ellos, despachándose a gusto, ante su alborotado presencia)

Pepe, (desde lo alto del banco público acciona con los brazos) "¿Mi padre, cómo quiere, que me aprueben, si mi hizo sin chispa de inteligencia?

¿Quién es el culpable? Mi cabeza es igual a un adoquín redondo, lo digo por la dura. (Pausa) Siempre estoy estudiando, siempre esclavo del deber, ¿para qué? Sí, ¿para qué? No sé nada de nada. No puedo retener en mi testa, lo más elemental, de todo lo que me han enseñado en estos últimos años. (Pausa) Mi padre, se imagina que lo engaño y no es cierto. Ha sido él, quien me ha engañado a mí, por haberme hecho tan torpe. ¿En qué estaría pensando? Seguro que en el puñetero Infantes.. (Pausa) Estudio como pocos, lo que sucede es..., que no aprendo. ¿Nadie se lo cree? Bueno... Es verdad: no sé mentir. Toda la culpa está en que no he nacido con vocación de estudiante..., sin embargo, para compensación, me corre por las venas una delicadísima afición... No tardará mucho el mundo en conocerla... (Cogiendo, donde tiene guardados, sus trastos de maletilla y se va echándoselos al hombro, a la vez que tatarea un pasó doble taurino) Tatarí, tatarí, tatarí"...

Otros días, mientras que, un vendedor ambulante, se ponía almorzar, Pepe, haciéndose pasar por el dueño, se ponía un sombrero cordobés y un monumental puro en la boca; pasaba palpando todo el género que había expuesto a la venta.

Pepe. "Duros a cuatro pesetas, ¡las tripas se me revuelven, con la cuesta de Enero! Miles y miles de artículos por nada. ¡Esto si qué es echar la casa por la ventana! Mantas, mantas y más mantas, para que se arropen los pobres, por cuatro perras. ¡Ay, Dios Mío! ¡Cómo no me moriré de un berrinche!"

(Pausa. Enciende el puro que se le había apagado) "Todo por la competencia, ¡maldita competencia! Si no hubiese nada más que mi puesto, haría las rebajas cada cuatro años, ¡Serían "bisiestas" y las empezaría en el mes de Agosto, cuando todos estuvieran de vacaciones. (Vuelve a coger el género, con la mano abierta) Colchas, sábanas, toallas, y..., todo regalado. (Con amargura) ¡vivan las ofertas especiales¡ ¡Menos mal que ya he sacado tres veces más de lo que me han costado, por qué si no, ahora mismo me ahorcaba de un talón!"

Coma era especialista, en monólogos, tenía uno para cada ocasión y cuando entre sus admiradores había más hombres que mujeres, sé expresaba de la siguiente guisa.

Pepe, subido en el banco, de sus mayores éxitos, con la mano puesta en la frente, en voz baja, con amargura) "Todas las puertas se me quieren cerrar de una vez. ¿Por qué me habré liado con las mujeres, que siempre se lleva las de perder? (Finge estar triste) Si pudiera volverme atrás, me volvería y conocería una mujer única; por que cada una que se conoce, es perder felicidad, aunque se haga por ganar. (Pausa) ¡Qué ignorantes la vida! Todos los hombres quisiéramos tener por lo menos cien conquistas. ¡Tiste del conquistador ansioso, que nunca calmará su sed! Querer olvidar, algo tan fundamental, como que somos humanos, con sentimientos, con corazón; no máquinas de hacer amor. (Pausa) ¡Qué feliz el que tienen un amor único, triste del que tiene varios, siempre saltará una virtud del anterior que anule el presente, con la siguiente decepción para el alma que anhela lo mejor. Ya no la encontrará, por que cada mujer es una sola, no cinco, por lo menos, que hacen falta para hacer una perfecta y para reunir las virtudes, que un hombre, de mundo, como yo, conoce, no tienen suficientes, ni con veinte. (Pausa) Por eso, benditos sean, los que solo han conocido una, que en ella tienen fe ciega y todas las virtudes echas y por hacer de este mundo, por ver por unos ojos dos personas. Los aventureros, los que son como yo, no hacen nada más que andar siempre adelante, sin llegar nunca a la verdadera felicidad. Con otro particular, que no podemos volver atrás, para coger lo que hemos dejado. Siempre adelante hasta el final, que nunca se sabe cual será. (Pausa) Ahora mi ilusión es Verónica, hasta que no la consiga no podré ser dichoso y por la felicidad, se tiene que arriesgar hasta la propia vida, si llega la ocasión, porqué ahora no me pasa como antes. Antes me resignaba, ahora me encuentro muy dañado por dentro y no sé aceptar ningún fracaso, como solía hacer de más joven, cuando era humilde y bueno." (Aplauso de los presentes)

Por chivato, no podré concursar con ningún relato de Pepe. Pero si podía hacer una biografía, aportando los datos que se desconocen del interesado. Si me quedo sin premio, ¡Qué le vamos hacer! ¿Para qué vale el dinero? Sí, ¿para qué? Para hacerse uno rico. ¿Y, qué es un rico? Nada. Una persona que tiene mucho dinero. ¿Pero tienen sentimientos? ¿Sí? ¡Sentimientos, crematísticos! Demasiado interesados, son esos sentimientos. No me interesan.

FIN

MANOLO MÍO

CUENTO

No sé quien pudo decirle al párroco de un pueblo, que era especialista en hacer bóvedas. Se presentó en mi casa y me dijo."Estamos reconstruyendo el templo y me he enterado que es usted un avezado maestro en esta clase de trabajos. De momento sólo haremos una bóveda, un arco festeneado y dos angelados, llamados también polibolados"

No me gusta alabarme. Menos todavía, cuando no puedo aprovecharme de la propaganda que, sobre mí, el rector, pudiera hacer. A pesar de mi juventud, el oficio no tenía secretos para un servidor de ustedes. Todos habían sido puestos al descubierto por mi padre, que fue mi maestro, siendo el mejor de los mejores en su profesión.

Las bóvedas, si se hacen bien, es un trabajo de artistas. Yo, las dejaba ¡qué ni pintadas!, Los ladrillos, los colocaba, dejándolos tan limpios que parecían que no habían sido tocados por mano alguna. Las juntas quedaban todas con el mismo grosor. ¡Un prodigio digno de admiración! Seminarios, Conventos, Iglesias, son testigo de mi maña.

Al llegar la pueblo, me confundieron, con el Cordobés, por mi parecido. Muchos guasones me habían dicho que era un fiel retrato de él. Para presumir de ser su doble, me arreglaba el flequillo

111

y procuraba, lo mejor posible, segundar sus rasgos fundamentales.

Lo insólito fue que, el señor cura, se personó en la estación con una considerable parte del vecindario para darme la bienvenida. El día que me vio, por primera vez, reparó en la semejanza que entre los dos había. Deseoso de presumir, ante sus feligreses, les gastó una pequeña broma. "Ha venido el Cordobés, por haber sido su oficio el de albañil, antes que el torero. Ha querido hacernos ese favor, aprovechado que estaba en paro; por la tentativa del "trus" de los empresarios de rebajarle sus honorarios. Antes de vestirse de luces, por cuatro perras gordas, ha preferido volver a su antiguo oficio, donde además de gozar de mayor tranquilidad, con menos riesgo..., ganara más dinero que si estuviera en paro.

Fue necesario dar invitaciones, a los admiradores que deseaban verme trabajar. El Sacristán, un hombre cordialísimo, las repartía entre los que las solicitaban, donde las mujeres eran mayoría. Era preciso evitar las aglomeraciones, para sin molestarme, pudieran conocerme personalmente.

Durante las horas de trabajo, no me molestaban. Al estar subido en cima del andamio, me encontraba libre del fervor de las admiradoras Lo único que a ellas, más me fastidiaba, era que cuando iba paseando con una chica, por la calle principal, no me dejaran tranquilo. Todos querían tener un autógrafo mío.

Tanta fama, sobrevenida, llegó a preocuparme, por las molestias que me proporcionaba. Pensaba, desconsolado. "Ahora que puedo, aunque sea de chiripa, encontrar una mujer a mi gusto, todas a la vez quieren rendirle culto a mi persona, gracias a mi fama. Con tanto entusiasmo, estaban consiguiendo, que no me pueda concentrar en la que a mí me gustaba." Tenía miedo a que fuera descubierto mi engaño, antes de haber hecho uso de mis sentimientos afectivos, para trocar la voluntad de una joven novata en amores. Si esta oportunidad no la aprovechaba; pudiera, que en mi vida, no viera otra procesión con tantas luces"

La hinchada, del bello sexo, no decaía, antes de decidirme por una, espere conocer todas. Una vez lo había hecho, sólo me restó aprovechar la ocasión, para asegurarme mejor mi éxito. No se hizo esperar, la que estaba muerta por mis huesos. Al día siguiente, se acercó con el pretexto de que le firmase un autógrafo.

"¡Qué suerte tienen los valientes, cuando su valor se manifiesta públicamente! El mundo es de ellos. En mi vida me había perseguido las féminas. Siendo un sucedáneo, del Cordobés, me querían todas: sin que fuera, físicamente, cosa del otro jueves. Sucede, que un valiente, reconocido, es dueño y señor de los corazones de las mujeres, si su arrojo va procedido de una fama de la que gozaba en torero de Córdoba."

De todas me reía, por lo fácil que las había engañado. He de reconocer, que aquel pueblo estaba apartado de la civilización. En dicho caserío, solo había una tale-visión y esta estaba en el bar; donde las mujeres no lo frecuentaban, por no ser tradición.

¡Qué liviana y superficial es la mujer, antes de enamorase de verdad! ¿Cómo pueden chiflase de un hombre que sólo conocen de referencia? Es inconcebible. Con decirles, a ustedes, que un servidor siendo, como es, más corto, en frases galantes, que las mangas de un chaleco, sin esfuerzo alguno, me estaba poniendo las botas. No las botas corrientes ¡Sino las altas!

De toda esta farsa, lo que menos me gustaba, era que suspirasen por mí, creyéndome el Cordobés. Estas cosas, tan tristes, tiene el vivir ocultando mi verdadera personalidad; bajo el supuesto nombre de otro. ¡Si al menos no me hubiese enamorado! Lo peor fue que se me metió su cariño en lo más hondo de mi ser.

Era la primera vez, que una mujer, me dejaba acariciarla; mientras me repetía bajito, casi susurrando, en mi oído, "Te quiero, te quiero" mientras se le caían las lágrimas, dulcemente, de sus primorosos ojos.

Sólo un despiadado, puede ser insensible en tales circunstancias. Atolondrado, temblaba exaltado, por el temor de que aquel amor incipiente sé pudiera terminar bruscamente, una vez se enterase de mi verdadera personalidad.

Ella, que era muy inocente, se entregaba a los placeres sexuales, con desusado candor y un desmedido apasionamiento. Enseguida comprendí que no jugaba con el amor como hacen otras. Su mayor pecado fue, él haberse cegado por su excesiva ternura perdiendo, por tan agradable placer, su virginidad.

A partir de aquel, no sé sí dichoso o desdichado instante; me agobiaba la confusión de mis sentimientos. No sabía, esta es la verdad, que hacer y como. Llegue a pensar abandonar todo, el trabajo incluido, y huir del pueblo; al faltarme valor para afrontar la situación, en la que me había metido sin querer.

Era necesario esclarecer, contra antes mejor, mi futura postura, respecto a este torpe asunto, ¿Pero cómo me las arreglaría, para sin avergonzarme, de ser un usurpador, por haberle robado a otro, su más querida virtud, la de su personalidad? ¿No tendremos los dos, la misma culpa? Ella deseó casarse con un hombre, cumbre de la torería actual. Yo, más modesto, casarme con una mujer sin fama, siendo para mí la hembra ideal. Desde semejantes puntos de vista, ambos hemos querido conseguir una misma cosa. ¡La superación de nuestras vidas! Mi conciencia, en aquellos momentos, estaba tranquila. No tenía la culpa que, de un simple albañil, me hallan hecho un héroe. Me dicen que soy el Cordobés. Me piden cariño las mujeres. Soy un objeto pasivo. Obediente hasta limites insospechados. Me había convertido en un ser complaciente con todas las vecinas y vecinos de este entrañable pueblo; por que si mal no recuerdo, lo recuerdo perfectamente, había ido allí hacer unas bóvedas, 250 pesetas el metro cuadrado, más los gastos; no a meter me, intencionadamente, en este embrollo. ¡No lo hubiese hecho, ni por los mil ochocientos duros que importaba mi trabajo!. Si hubiera sabido, que me obligarían a matar dos novillos, desecho de tienta y defectuosos, de una afamada ganadería del campo Charro, no hubiese ido. Pero con tal de casarme, con la mujer amada, estaba dispuesto a todo, antes de defraudarla.

La tragedia se cernía sobre mí. Resultaba inevitable. Los novillos no eran tales, sino por el contrario, dos toros con trapío, con edad y arrobas capaces, con su presencia, de asustar al mismísimo Cordobés. De no ser cierto, lo del

Utrero, mis horas estaban contadas. Son muchos, los indocumentados en la materia, que habían muerto en parecidas circunstancias.

A pesar de mi comprometida situación, todavía me quedaban fuerzas para soñar. "No hace falta ser un maestro para triunfar. Con arrimarme será suficiente. Los espectadores, aunque, en su conjunto, no saben valorar, como es debido, las distintas suertes de la lidia; todos, por el contrario, presienten el peligro. Para eso no hace falta nada más que percibir la difícil situación en que se encuentra el torero, con respecto al toro. Cada vez que el novillo se arranque y pase con sus cuernos lamiéndome la taleguilla, sin lograr darme una cornada, el público, presente, experimentará un inusitado placer, coreado con ardientes ¡olés!: al ver como me he salvado del riesgo tan grande en el que me había metido. Así una y otra vez, hasta poner el broche de oro a la faena de un soberbio volapié"

El tiempo en el que lograba olvidarme de los toros, lo dedicaba hacer cábalas sobre mi futuro. En mi anhelante divagación, hacía lo posible, me preguntaba: "si triunfara, me podría hacer rico. Con el dinero que ganara, en el futuro, me podía comprar un cortijo, una ganadería, coches lujosos y todo lo que adquieren los toreros famosos."

Las horas que precedieron a la novillada, fueron de una tremenda emoción. Aquel denso ambiente me mareaba. En muchos momentos, llegué a desear lo más temido. Que saliese el novillo, me diera un revolcón, me hiciese el desvanecido y de esta desastrosa manera poder alcanzar, en un abrir y cerrar de ojos, la anhelada tranquilidad, tan necesaria en aquellos odiosos mementos.

No se puede vivir, mucho tiempo, en tan alto estado de tensión nerviosa. ¡Es, mil veces peor, que la más espeluznante cornada! Si ésta te proporciona dolor y sufrimiento, la muerte te libra en un instante, de un solo golpe, de él temor que te embarga, renaciendo, una vez, en el otro mundo, la ansiada calma.

Llegué, a la plaza, a empujones. "Manolo, suerte" "Manolo, demuestra que eres el mejor" "Manolo, un beso" ¡La locura! Solamente logré quedarme solo, cuando sonó el clarín. En aquel momento, de haberme podido escapar, hubiese salido corriendo y ni un galgo me habría dado alcance. Miedo tan fatal, nunca lo había sentido dentro de mí. Es horroroso ser torero. Las ilusiones se acaban, radicalmente, con la salida del primer toro. No tenía tiempo, en aquellos mementos, angustiosos, ni de acordaba de la mujer amada, a pasar de estar presente, desde el palco de honor, que era el gavillero, (donde se amontonaban las gavillas de sarmientos)

Una vez salió, aquella fiera, (donde saltos, por los pinchazos que los mozos le daban, por estar colocados a ambos lados de la zahúrda) pensé desfallecer. No veía nada. El burel, me parecía una mancha negra, que se movía de un lado para otro, bufando. No me era posible distinguir bien donde tenía la cabeza o el rabo.

Por fin, animado por los aplausos, salí a dar la cara. Me planté en medio de la plaza y me dije. "Como no vengas tú a buscarme, yo no podré ir hacía ti, el miedo me lo impide" No necesite llamarlo. Como el ruedo era muy pequeño, (por haberlo hecho, con los carros de labranza), no tenía posibilidades de poder despistarme. Una vez sentí que se aproximaba, el instinto de conservación movió mis brazos y el bicho pasó junto a mí sin ser visto. ¡Cuánta fuerza no llevaría que, la arena levantada, con sus patas, me hizo un daño atroz en las piernas.

Animado, no sé por qué, abrí las piernas y le di un pase llamado torniquete. (Este pase, consistía, en meter la rodilla contraria, "adelante", para lograr con la armonía de las piernas y los brazos, hacerle doblar rápido, con el objeto de quebrantar su poderío, quedando como la seda, para la muleta).

En esta ocasión que comento, no fue así. Debido a un defecto de colocación, se volvió el novillo en menos de un metro cuadrado de terreno y me enganchó por la ingle, levantándome, repetidas veces, me clavó el cuerno izquierdo, destrozandome la femoral.

Después, en el suelo, se aprovechó cuanto quiso de mi inferioridad. Como no había nadie destinado a quitármelo pronto de encima; el bruto se enseñoreó cuando quiso conmigo. Mientras, boca abajo, me desangraba, segundo a segundo. Cuando los mozos más fuertes, unidos, pudieron reducirlo, yo ya estaba, hecho puré.

Medio muerto, me llevaron a casa del vecino, más próximo a la plaza, allí me empecé a fenecer, ente los sollozos de mi amada, que muy afligida, repetía sin cesar... Manolo mío.. Manolo de mis amores...

FIN.

PEDRO EL ENAMORADO

CUENTO

Cuándo por causas ajenas a nuestra voluntad, hemos de salir de nuestro pueblo, para trabajar en una gran ciudad, cada día que pasa, para nosotros, es una nueva experiencia, acostumbrados a la vida monótona, ¡y, por qué no, aburrida del pueblo! Los primeros meses en la ciudad, nos vienen grandes; hasta que nos vamos haciendo a sus vidas y sus costumbres, hasta llegar a ser, con el tiempo, un ciudadano más, con la sabiduría y la veteranía que da el conocer dos ambientes del todo diferentes.

Yo, fui uno de tantos, no tardando de hacer amistad, (en la pensión donde me hospedé) con otro muchacho que se encontraba, en mis mismas condiciones, fuera de casa. Nuestra amistad fue fecunda y noble. Desde el primer momento, nuestros caracteres se complementaban a las mil maravillas, por tener los dos muchas cosas en común, que nos unía cada día más sincera y estrechamente.

Observando esta amistad, la dueña de la casa, nos propuso de que sino teníamos inconveniente en dormir los dos en la misma habitación; por este motivo nos rebajaría el precio a la mitad. Deseba disponer de la otra, para alquilársela a los nuevos clientes. Por mi parte, no tendría ningún inconveniente. Me limité a decirle que lo que dijera mi amigo, que si de mí dependía, podía hacer el trato. Mi compañero, le dio la misma respuesta: por lo que el ama, nos puso las dos camas en la misma habitación. A partir de aquel día, nuestra amistad llegó a ser más que hermanos, no teniendo secretos él uno con él otro.

Lo que más me extrañaba de él, era que trabajando en la construcción, sé preocuparse tanto por la literatura. Se pasaba todo el tiempo libre, leyendo y escribiendo. Nunca tenía un rato de aburrimiento. Cuando terminaba de trabajar, se marchaba a la pensión y se ponía a escribir y luego en la cama todas las noches leía un rato. No sé que encontraba en lo que leía, ni por qué escribía; solo que los sábados, cuando cobraba, se marchaba a las librerías de lance y se traía libros, que por su aspecto, sin pastas y viejos, le deberían de costar muy baratos. Su preferido era Federico García Lorca. Muchas veces lo escuché exclamar: ¡Ay.. . Lorca, Lorca, cómo me enveneno con tú poesías! También leía a Cervantes, Shaskespeare, Rubén Darío incluso a Baudelaire. Y muchos más que ahora no recuerdo. Así trascurría su vida, sin grandes cambios; llena de alicientes y de amor, eso sí, de amor; por que le dolían todas las desdichas que a su juicio comete la humanidad, para él todas las cosas tenían el mismo valor por ser necesarias.

Muchas veces, cuando nos poníamos hablar, le solía decir por qué no estudiaba libros de construcción, que le serían de más provecho, que aquellos que leía. Él me contestaba, que antes de dedicarse a escribir poesía, había estudiado de Delineante, dejando de hacerlo, por que no se le daba bien, el dibujo ni las matemáticas. Aburrido de los libros de la construcción, dio con uno de poesía y sin saber por qué, despertó en él una afición loca, pensando seguir adelante, ya que si valía para poeta, no se quedaría en la cuneta del oficio. Estaba dispuesto a estudiar, con todas sus fuerzas, para llegar donde se proponía, que era hacerle ver a los pobres, que con sacrificio, se puede triunfar en cualquier profesión.

Cuando un día le preguntaron como definiría la poesía, respondiendo humildemente. "La poesía es lo que quisiéramos que fuera la vida. Si no es así, es por que todos no somos poetas"

Nunca se me olvidará, la noche de un día de fiesta, que llegó muy tarde y con una tristeza que él no acostumbraba tener. Al verlo, en ese estado de ánimo, le pregunté.

-- ¿Qué te sucede?

-- Lo peor que me podía suceder. Me he enamorado de una mujer impura y pecadora y sufro por saber que es mala siendo buena.

Trate de ayudarle, quitándole importancia a lo sucedido. Por lo que le aconsejé.

-- Mañana, ya no te acordarás de ella, estas cosas nos suelen ocurrir a cualquiera.

-- Eso creía el primer día que la conocí, pero no la puedo olvidar.

-- Olvídala o será tu perdición.

-- Procuraré olvidarla. Sé razonar, lo que es bueno para mí y lo que es malo. ¿Qué sabe mi corazón, de todo esto?

Su amor por aquella mujer, no era un simple flechazo, era algo más, era un amor profundo.

Su vida cambió, de la noche a la mañana. Venía tarde acostarse y su cara estaba macada por el dolor. Sufría mucho, por quererla y no poder olvidarla. Creo que ante su desesperación se debió preguntar. "Cómo yo, pobre de mí, soy capaz de juzgar a una mujer. ¿Por qué si me hace feliz la dejo perder? Si me hace más feliz que las demás, ¿qué me importa lo que sea su vida? Volvió a escribir para ella, lo que a mí, que no soy entendido, me parecen unos sentidos versos. Con la siguiente de dedicatoria.

"A Mari Carmen, la Mala dulce"

Pienso en tu basto sentido
Y soy triste por ti,
Pienso que no siendo buena
Me haces feliz.
¿Mala? ¡Si eres buena¡
Por ser la luz de mi alma
Y la luna de las estrellas
Estas en la carrilada del destino
¿Por qué fuiste buena para mi pena?
¿Por qué me das vida cálida
y pechos de doncella,
me amas como recién casada
si no eres buena?...
Dime la verdad, y no me engañes,
que soy poeta.
¿Por qué no eres,
para los demás buena?
Siento, por ti, un llanto que me quiebra.
¿Por qué me das tu amor,
si no eres buena?
Dime la verdad que soy poeta.
¿Por qué me das tu amor,
si no eres buena?
-- No soy buena,

pero..., me ahogué con tu pena.

Lo meditó mucho, antes de decidirse, haciéndose miles de preguntas, que no encontraban una respuesta razonable. Una cosa era cierta, no podía vivir, sin su Mari Carmen, y no quiso perderla. Con temor me dijo un día.
-- ¿Quieres ser mi padrino? Me caso el mes que viene.
No le respondí, sólo le miré a los ojos y vi que se casaba por amor. No le importaba el daño que le pudieran hacer los demás. Su corazón de poeta estaba por encima de la maldad humana, por eso hacía poesía, por pensar en el valor de las personas, no por el que se le suele dar.
Se celebró la boda. No fue apenas nadie. Sólo éramos ocho personas, dos compañeros de trabajo de él, tres de ella, (una de madrina), ellos dos y yo. ¡Ah! Y también la dueña de la pensión.
Celebramos la boda en un restaurante y allí pasamos parte del día. Fue para mí fatal, por la pérdida de tan buen compañero de pensión. Solo me quedó la tranquilidad de saber que iba a ser feliz, a pesar de las cábalas que en estos casos se suelen hacer. Lo conocía bien y sabía que era capaz, capaz de hacer dichosa a cualquier mujer, sólo con proponérselo. Tenía, lo que en estos casos nos falta a los demás, un corazón inmenso para amar.
Se marcharon a vivir, al otro lado de la ciudad, en un piso nuevo que compraron. Me despedí de ellos y les prometí ir a su casa con frecuencia. Había prometido visitarlos, haciéndolo la mayoría de los domingos. No lo hacía, todos los días, para evitar los malos entendidos entre la vecindad.

Parecían los más felices de la Tierra y les daban gracias a Dios, por haberse encontrado. Un domingo, de los tantos que los visitaba, los encontré más ilusionados de lo corriente, dándome la feliz noticia de que iban ser padres.

Poco tiempo les duró la felicidad. Meses más tarde, una noche, cuando me encontraba acostado, oí llamar en mi puerta. Quedé de piedra al abrir la puerta y ver a la que había sido la madrina de la boda, que estaba llorando. No me dio tiempo a preguntarle por su visita, (pero me dijo él corazón que algo fatal había sucedido) enseguida me lo explicó todo. Mari Carmen y el niño habían muerto al nacer éste.

Me vestí rápidamente y montamos en el taxi en el que había venido ella, que la estaba esperando en la puerta. No tardamos de llegar a su casa. Nada más entrar y verlo me dio un vuelco el cuerpo. Al verme, se levantó, me dio un abrazo y me dijo:

-- La vida ya no vale la pena para mí. Ha sido un año feliz, que vale por una eternidad. Ahora ya no me voy a preocupar por nada de lo que me suceda. Ya no volveré a trabajar, para levantar otro hogar. Mi hogar será donde pueda recordarla de día y de noche.

A la semana siguiente vino a verme, para entregarme las llaves de su piso, para que me lo quedara, si me interesaba; pagar el resto que de él debía. Por más que insistí, todo fue inútil; lo había pensado detenidamente. Se haría bohemio y viviría errante, pensando en su Mari Carmen. A los dos se nos cayeron las lágrimas, por la emoción, al despedirnos. Casi sin voz me dijo:

-- Te deseo toda la felicidad del mundo. De mí recuerda sólo lo bueno que ayas visto y olvida lo malo, para mi tranquilidad.

No lo quise retener. Necesitaba la soledad y el aire libre que le ayudara olvidar. Sabía que él murió con ella, por lo menos sentimentalmente. Un día lo vi, junto al cristal de una librería. No lo quise saludar, por no recordársela y hacerle sufrir más de lo que sufriría.

"Mujer, si algún día ves a un hombre, de unos 28 años de edad, de uno metro setenta y dos de altura; delgado de cara y con una tristeza infinita, con tu maravillosa intuición, llámale la atención, de una manera dulce y si estas soltera, no lo dejes solo, bien vale la pena, ya que un alma, como la de Pedro, no la encontrarás de cualquier esquina"

(Si alguno de sus seres queridos, encuentran sus poesías, vale la pena que las dé a conocer. Sé que tenía muchas y que son de un poeta que no buscaba la gloria ni el dinero. Sentía la poesía por que la llevaba en sus venas y le quemaba la sangre. No puedo aportar, mi grano de arena, por qué las que dejó en su mesita, se las devolví uno de los días que vino a verme.

FIN

EL REGREO

CUENTO

No hay nada más triste y desesperante en este mundo, de crueldad sin tasa, para un hombre bueno, honrado, trabajador y justo; que vivir sin ganas por sentirse talmente derrotado de ante mano; por tener el pie, que lo oprime, echado al cuello, por no gozar de un trabajo permanente. Por este motivo no puede respirar con satisfacción, a gusto, libremente, como debe de ser: el obrero al que le falta el trabajo, con el que ganarse su cocido y el de los suyos, sin necesidad de percibir falsas indemnizaciones parciales, que no resuelven el futuro, como está mandado en las leyes vigentes.

Estar el paro, no tiene importancia, cuando se dispone de los medios materiales necesarios para comer. Lo criminal es no obtener, (con el carnet del paro, si te obligan a no hacer nada), el compromiso firme, de la sociedad, de mantenernos, mientras se viva, con todas las necesidades cubiertas y con los debidos respectos que se merecen las personas humanas. Nadie sabe, sin la obligada experiencia, lo que se sufre con el hambre, que no espera hartura. La sociedad imperante, con este método tan antiquísimo, ha conseguido, fácilmente, sin esfuerzo, una vez más, reducirlo a la miseria más atroz, de los años cuarenta, del siglo pasado, siendo esta la causa principal de todas sus desdichas.

A sus treinta y nueve años, (en la flor de la vida, cuando podía rendir barbaridades, por disponer de una salud envidiable y unas ganas locas de progresar dentro de su gremio) se encontraba amargado, desilusionado, por carecer de una ocupación fija desde hace cuatro años largos. En este tiempo, de paro forzoso, se ha comido y bien comido, lo poco que tenía ahorrado, habiéndose atrampado con toda su familia, ¡con lo doloroso que es pedirle dinero prestado a los parientes más allegados! Si ha cometido este pecado ha sido por no haber encontrado otro remedio mejor y solo en los momentos de mayor apuro. Es triste y desolador para un hombre joven, fuerte, con unas enormes ganas locas de trabajar, tener que pedir limosna, ¡hasta a la familia!, para no morirse de hambre, en el siglo glorioso que el hombre puso el pie en la luna.

Desde que, se le terminó, el seguro de desempleo, qué ya ni se acuerda, por el tiempo que hace, no ha entrado en su casa, con regularidad, un sueldo. En el trascurso de los años, que se le han hecho eternos, por lo lentos que han pasado, se le ha agotado la paciencia, agriándosele el carácter, más de la cuenta, por las circunstancias adversas que, sin causa ni motivo aparente, debe de soportar de mala gana y a la fuerza, protestando sin cesar por todo, no siendo ese su estilo. Si se queja, continuamente, es por motivos justificados.

Todavía no sabe, por carecer de conocimientos, en esta rama de las ciencias; como ha ocurrido, tan de repente, la crisis económica. Ha llegado, silenciosa, sin dar la señal de alarma, quien estaba obligado a hacerlo: avisándole a los afectados, con antelación suficiente, de la importancia de esta catástrofe, que lo ha "chingado" a placer, desde que ingresó en el paro, dejándolo en la pura miseria viva. Considera una vergüenza, incalificable, que lo dejen morir de hambre, si no quiera robar, sin querer, cuando con sus manos se puede ganar, decentemente, lo que necesita para vivir, sin que nadie le regale nada; por que le sobra coraje, con un trabajo digno, para procurar el bienestar material de toda su familia, como siempre había hecho, cuando tenía una ocupación estable.

"Este arrasamiento general, de nuestros puestos de trabajo, no tiene nombre conocido, por lo borde que es. Los empleos, con los que ganarnos los garbanzos, (nuestros de cada día con los que hacernos el potaje, que nos sujeta la gana), han desaparecido, misteriosamente, sin dejar huellas, ni rastro y sin saber de fijo, donde han ido a parar. Hoy, nuestra voluntad, por lo hambrienta, está a merced de un coscurro de pan duro. Al sentirnos agobiados por la necesidad, nos hacemos apocados, miserables, rastreros y mil porquerías más, saliendo a relucir (en los momentos de mayor apuro, del máximo despecho, y en las ocasiones de cobarde injusticia), nuestros bajos instintos, que se suelen manifestar, con toda su crudeza, al juntarse con las ganas ciegas de luchar por odio, contra quien sea, sin importarnos un cojón hacerlo por una causa perdida"

Llegó el día que ya no pudo aguantar más humillaciones, de una sociedad que él creía que no tenía vergüenza, por lo que estaba haciendo sufrir injustamente. Le parecía, por estar resentido de ella, que toda era infecta, despreciable y corrupta. Antes de que le diera un ataque de furia feroz y pisara algún granuja el cuello, ahogándolo, sin proponérselo, reunió a los suyos y en un tono paternalista, como solía hacerlo cuando se dirigía a su familia en conjunto, les dijo lo siguiente, como queriéndoles leer la cartilla.

"Querido hijos: nos vamos a ir a vivir otro mundo, bien distinto al que conocéis, obligados por las circunstancias. Se puede decir que por la fuerza. Dejaremos éste, tan "civilizado", para volver de nuevo al submundo que ya creíamos olvidado, gracias a los adelantos. Por esta razón regresaremos al campo para vivir en él, si es posible hacerlo hoy. No es culpa mía. Toda la responsabilidad la tienen los hombres que rigen el mundo, si así se le puede llamar a los que lo hacen. Nos han proporcionado el progreso y, cuando ya le habíamos tomado el gusto, por que es bueno y nos había agradado, para fastidiarnos no lo han quitado, de golpe, sin decirnos las causas, dejándonos en el mayor de los desamparos, al faltarnos el sueldo fijo y suficiente con que pagarlo. No se le regala nada a los parados, ¡con la falta qué les hace! Con cuatro fanegas de tierra, que hoy están de liego, y una casa medio hundida (que heredé de mis padres y ellos de los suyos) procuraremos salir adelante como Dios nos dé a entender. Sólo habremos de procurarnos los alimentos, como hacían, con más o menos éxito, lo hombres primitivos, que es lo que vamos a ser nosotros. Mejor esto, me parece a mí, por mucho que hayamos adelantado, en el siglo de la tecnología, que subsistir, malamente, en una capital sin trabajo, sin dinero, mendigando de puerta en puerta, para que nos den con ella en las narices. Arreglaremos la casa, que heredé de mis padres, Ésta se encuentra a unos tres kilómetros del pueblo. Vosotros nunca habéis estado allí, pero todavía recuerdo, cuando era niño, que sé vivía mejor que en las grandes ciudades. No sabéis lo mucho que he disfrutado en aquellos andurriales, junto con los animales que criábamos. Una vez repera la casa, que no se como se encuentra; vallaré todo el terreno y en él soltaremos una gran porción de gallinas, para tener huevos frescos y si se puede, vender los que nos sobren. También procuraremos criar conejos en jaulas, tener un par de cabras, para que no nos falte la leche. (A ésta se le da dos hervores y ya está lista para beberla). Pondremos árboles frutales, para tener, en el verano, abundante fruta. Cerca de la casa, había una higuera, que no se como se encuentra, por no haberla visto en los últimos veinte años. Si no se ha muerto, procuraremos cuidarla para que nos dé buenas brevas y mejores higos. Delante de la puerta de la casa, haciendo nos sombra en el estío, teníamos cuatro parras, que cubrían un espacio no inferior a los treinta y seis metros cuadrados. Con las uvas que éstas daban, teníamos suficiente postre todo el Otoño. Muchas veces, colgábamos en las vigas del techo de la cámara, que eran de madera, los mejores racimos que nos sobraban, para poder comérnoslos cuando ya no habían en las viñas ni en los comercios. El huerto, de al lado de la casa, que estará abandonado, lo volveremos a recuperar, con el fin de tener en él las verduras, de temporada, que nos hagan falta. Puede que una vez allí y de pendiendo del agua que tenga el pozo, sembraremos alfalfa para tener con que alimentar a los animales que nos hagan falta, pudiendo ser un burro, el animal, principal, que necesitemos, para ir y venir al pueblo con los productos que debemos intercambiar. Si todo sale, como espero que así sea, no volveré a una ciudad, para trabajar, en todo lo que me quede de vida, Prefiero la vida del campo, tranquila y sosegada, viviendo de lo que éste me proporcione, en cada estación del año, que hacerlo dependiendo de un jornal, que nunca sabes cuando lo vas en encontrar, viviendo en una sociedad que está organizada con los pies, del que nos dirige, por no tener cabeza para hacerlo; como Dios manda, por culpa de ser Ateo, de los pies a la cabeza. No sigo más, con mi discurso, para no parecerme a un charlatán, de los que tanto abundan en la política activa. ¿Vale?

Vendió el piso que había comprado, en los años setenta, con no pocos sacrificios. No le dieron por él ni la mitad de su valor real. Debido a la depresión económica en la que estaba sumida la Nación. Las ofertas superaban a las demandas, por lo que los compradores se aprovecharon, todo lo que quisieron, de esta deplorable circunstancia. Como ya nada le importaba realmente, no tenía inconveniente en mal venderlo lo antes posible, marchándose a donde no pudiera ver más, (por su gusto, mientras Dios le dé vida), a los hombres "civilizados", porque sintiéndolo mucho y, salvo las excepciones de rigor, le daban asco, por considerarlos unos marranos de mucho cuidado. Con el poco dinero que recogió, de la enajenación de la vivienda, pagó lo que debía, que fue casi todo el capital obtenido, quedándose sin su casa y sin dinero. Cogió el portante y cuanto pudo y se marchó a su aldea, por el mismo camino por el que había venido muchos años antes.

Debido a su escasa preparación intelectual, no alcanzaba a comprender las causas ocultas de esta "golfada" Dejar tantos obreros en el paro, desesperados, cuando mayor es el progreso, debía tener un significado político que no lograba descubrir, con la claridad meridiana que deseaba, de cómo estaba organizado. No es posible llegar, a los extremos de ruina general en que nos encontramos, de no hacerlo a propósito. Por muy burros que sen los responsables de ésta desgracia colectiva, establecida por la fuerza, nunca sería tan desoladora de no ejecutarla intencionadamente. No se puede regresar, con el bienestar de un pueblo, a los años de la posguerra, tan decididamente, sin razones aparentes. Como no iba averiguar los verdaderos motivos, de tan escandalosa estafa, por mucho que sé lo propusiera, prefirió marchase con su familia al campo, a vivir de la naturaleza, en compañía animales y los vegetales, que son mejores que los hombres. Lo tuvo que hacer, antes de que le diera un soponcio, por la rabia que le habían hecho coger una cuadrilla de malvados, analfabetos, que presumen, por fatuos, ostentar un poder alquilado, con el que hacerle daño, a todo el que se le pongan por delante; siempre que no sea de su condición.

FIN

LA DESTRUCCIÓN DEL AMOR

CUENTO

Era un hombre joven, joven pero hastiado de la vida. Tan harto estaba de ella que igual le daba ocho que ochenta. Ni de una cifra ni de la otra esperaba nada. Sólo sufrimientos.

Tiene un nombre raro, muy raro; por eso le llamaré Luis, cariñosamente, para evitar equivocaciones, cada vez que sea necesario citarlo en el relato. Luis, es de un país del norte de Europa, no importa éste. Vive en compañía de su madre. Para él, su padre, es desconocido. Su madre, de niña, era muy cedente. De esto hace ya muchos años. Hoy, deja mucho que desear, con su oscura conducta sentimental. No podía decir que fuera mala, ni señalar con el dedo. Era una mujer, como muchas otras, en esta parte de nuestro Continente: "libre" simplemente.

A Luis, se le metió una pequeña manía en la cabeza. No veía claro él por qué de la liberación de la mujer en lo emotivo. Para ellas, hasta que no fracasa su romanticismo, es estupendo. ¿Estupendo? Muchas veces es su propia destrucción. ¿Quién las quiere de verdad? Nadie se fía de ellas; siendo estas las causas de que cambien tanto de marido.

Lloraba de amargura, por ver tan claramente de que nunca podría ser feliz.. Esta situación es triste, si se tienen veinte años. No se pueden imaginar hasta donde puede afectar a un joven la desgracia forzosa. No hay quien tenga capacidad de frenar la marcha ascendente, en cualquier sentido de la vida. Es necesario primero, que ocurra un cataclismo, para que los cortos de inteligencia lo comprendan. Este llegará, antes o después, pero hasta que llegue; ¿cuántas lágrimas, habremos vertido? No se sabe. No se puede saber, pudiendo llegar a ser éstas ríos...

Luis, se preguntaba, un poco apesadumbrado: "Ahora que da placer hablar con las mujeres, por su cultura, su educación. De envidia verlas, por su elegancia y su distinción, cuando tenemos un bienestar que ofrecerles, cuando por primera vez se conjugan todos los maravillosos adelantos de los que disfrutamos; la "libertad", de poder acostarse con quienes les da su real gana, nos a frustrado a los hombres, que hemos conocido de cerca sus tejemanejes sexuales".

Mucho lo pensó, pero por fin decidió salir zumbando del hogar, dulce hogar. A ¿dónde? Iría. Igual le daba, con solo estar lejos de su madre y de su novia, se conformaba. A ninguna de las dos, les deba reparo "flirtear", ante sus propios ojos, con cualquiera desconocido para él. Este desorden, sentimental, no lo aguantaba más y no lo aguantó.

Como tenía el pelo largo, era moderno, sólo necesito coger el macuto, colgárselo al hombro; haciéndose, con dicha indumentaria un "provo" más, de los muchos que abundaban.

Su decisión de marchase, contra más lejos mejor, fue firme. Lo hizo sin despedirse de su madre, ni de su novia. Si las dos personas que tenían él deber de hacerlo feliz, les deba desagrado, ¿cómo iba a ser dichoso? Se torturaba pensando, "¿Me acostumbraré, algún día, a comer en el plato de otro, estando sucio, por muy buena que sea la vajilla donde se me ofrezcan los alimentos?" Nunca se acostumbraría, a convivir con un amor impuro, por conocer, en primera persona, sus frustrantes resultados.

Todavía recordaba las últimas palabras de su novia. "Cómo acudiste tarde a la cita, me fui, con el director, en su coche, ¿qué malo tiene que me marche, con mi jefe, a tomarme unas copas?" "Ninguna, sino fuera un machista, pero es que lo soy, y no me da la gana, que la que quiere ser mi esposa, se tome copas con otro, por ser hombre y saber lo que buscamos de las mujeres, por estar siempre con la escopeta cargada, preparada para disparar a la primera que se nos ponga a tiro; habiendo tanta libertad, mal entendida, para caer en la trampa, muchas veces sin ser conscientes de sus debilidades emocionales".

Se encrespaba, contra los defensores a ultranza de semejante torpeza. "Pobres hombres, inocentes hombres, con darle tantas alas, a quienes no saben hacerse respectar." Luis, hablaba así, por haber conocido cinco padrastros, habiendo sido todos maltratados por la fiera de su madre, que era la que siempre imponía su voluntad, con unos humos dignos de un sargento con sus reclutas. "Las mujeres, si se lo proponen, nos hundirán hasta donde les complazca, su voluntad que es infinita."

Al matrimonio, le tenía más miedo que a una vara verde. Se le ponía en bello de punta, de pensar que llegase el día que se tuviera que descasar. Bastante había sufrido, por no haber conocido a su padre biológico. Esta desgracia no la deseaba él para sus hijos. Le daba miedo pensar que su mujer, la madre de sus hijos, le pudiera parecer a la suya. Había tenido cinco maridos y todavía no había terminado. Luis, pensaba que ya le quedaba poco, por estar haciéndose vieja, para recibir el daño que se merecía su pecadora vida. "No me quieres, me dice una y otra vez, reprochándome lo que por mí a hecho. ¿Dónde está, la madre buena, decente, sin tacha qué siempre había soñado tener? Llena de vicios, por qué los hombres que había conocido, los trató como si fueran trapos viejos, con los que ella se limpiaba, con ellos, lo que quería; delante de sus mismas narices."

"Cuando se ha perdido lo fundamental, es cuando nos damos cuenta de su valor. El día que se termine, por completo, la honradez femenina, sabremos lo que vale una mujer antigua. Cuándo se acabe la dignidad amorosa, ¿qué falta nos hará lo demás? Se pueden terminar las guerras, la injusticia, el hambre y las mayores lacras que siempre han azotado a la humanidad; pero como quede la degeneración sentimental..., con ella habrá bastante, para que en la flor de la vida, nos arrojemos de cabeza, a un precipicio, desde lo más alto donde nuestras fuerzas nos puedan subir."

"La culpa, de todo lo que sucede, le tenemos los hombres. Hemos logrado "hombrerizar" a las mujeres, por razones torcidas. Hoy, en la actualidad, hacen una vida semejante a cualquier varón Si sienten como el pez en el agua, con la reciente libertad estrenada. Si esta libertad no tuviera, fatales consecuencias para la sociedad, no habría por qué censurarla. Una mujer, que se case, por ser ese su cometido en esta vida, crié tres o cuatro hijos, los eduque, (dentro de unas normas de conducta respetuosa con el prójimo), habrá contribuido más por el porvenir de la sociedad, que si tiene un trabajo fuera del hogar. Gracias a la liberación de las mujeres, hoy han decrecido los nacimientos en Europa; pudiendo llegar, por esta causa, a que tengamos que importar ciudadanos extranjeros para repoblarla; con las graves consecuencias, que este hecho va a tener, al no ser éstos de nuestra manera de pensar, debido a pertenecer a otras culturas y maneras de vivir."

"No crean que estoy loco, por manifestar, de una forma tan radical, mis embrollados pensamientos, aunque no puedo afirmar, que no llegue a quedar chiflado. Hablo así, por que quiero a las mujeres, mas que quienes las utilizan en su beneficio. Mi conducta, para con ellas, siempre será intachable, si no dejo de pensar, como lo hago, en el presente. En los países pobres, para desdicha de ellos, no tienen para comer. Lo nuestro es peor, no tenemos hambre. La gana se nos quita al contemplar el desconcierto moral en el que hemos llegado."

Luis, iba pensando en estas cosas, tan comunes, en los Países del Norte de Europa, mientras se dirigía, sin rumbo conocido a cualquier parte, donde hubiese guerrillas urbanas. Cuando su hubo cansado de andar por la carretera, se detuvo a descansar. Antes de emprender la marcha, decidió hacer "Auto Stop" pronto paró un coche, de un fuerte frenazo.

-- ¿Dónde vas? Le preguntó la que conducía.

-- Sin rumbo fijo. ¿Y vosotras?

-- A Benidorm, España.

Luis, subió al coche. En éste iban tres jóvenes, de entre los veinte y veinticinco años. Lo dejaron e Francia, donde él se quiso quedar. Deseaba participar en la revuelta del mayo francés.

Pronto se unió a otros jóvenes gamberros. Juntos hicieron de las suyas. Desde aquellas fechas, en todas las manifestaciones se encontraba. Con esta actividad, se divertía de lo lindo. El protestar por todo, era con lo que más se entretenía, por estar en contra de una sociedad sin valores morales, según su criterio. Rebelarse y gritar, contra lo que fuese, lo hacía feliz. ¿Qué más le daba hacer esto que otra cosa? Cuando no se tiene fe en el porvenir, ni ilusión por nada de lo que le rodeaba, en cualquier parte se encontraba bien. Lo que sí le estaban perjudicando era los vicios, con sus garras destructoras. Tenía infinidad de lugares donde acudir, siendo fácil deshacerse de su buena conducta, en el ambiente inmoral donde se desarrollaba su vida; desde que se unió a los de su misma condición de pensar.

Los Gobiernos, estás obsesionados con la política, llegando abandonar todo por ella, aunque les cause más ruina, más desgracias, más quebrantos y más calamidades esta lacra, que el resto de todas las fatalidades juntas. El día que comprendan, que toda su eficacia la tienen que emplear en acabar con el libertinaje, habrá llegado el momento oportuno de tomar otro camino distinto, que conduzca a la sociedad, a una mejor manera de vivir.

Ésta es la triste vida de un "provo", que murió muy joven, enfermo del Sida, por haber cometido el pecado de haber nacido, en el siglo de las libertades femeninas; y no haber encontrado, entre sus amistades, una mujer digna, para apoyarse en ella. Si esto hubiese sucedido, a él le sobraban arrestos para levantar un hogar. Al no ser esto posible, terminó su vida por la vía rápida, como suelen hacer una gran cantidad de jóvenes, al no encontrar, en una sociedad tan desquiciada, el equilibrio emocional que precisaba, con la que poder llevar una existencia dentro de unas normas de conducta equilibradas.

FIN

¡VIVA EL TREN!

CUENTO

No sé por qué nunca me ha gustado, ni me agrada hoy, viajar en otro medio de locomoción que no sea el tren. Los motivos, entre ellos los sentimentales, no me faltan. Para empezar; diré que nací en un cortijo, donde no llegaba a los cien metros la distancia que había de la casa a la vía, por donde pasan éstos varias veces al día, en ambos sentidos. De tan maravilloso medio de trasporte, me hice un forofo incondicional, sin darme cuenta, (por vivir cerca donde cruzan, a todas horas, rápidos como flechas).

De pequeño, no tenía otro entretenimiento mejor, que pasarme el día pendiente de ellos. Por encontrarme aislado de la civilización, el tren era mi distracción favorita. Recuerdo, que siempre iban repletos de viajeros, que me saludaban con la mano, cariñosamente, desde las ventanillas, si me acercaba a contemplarlos. Me quedaba con la boca abierta, por la curiosidad que en mi alma despertaban aquellas potentes máquinas de vapor, capaces de arrastrar más de una docena de vagones a una velocidad de vértigo, si la comparaba con la del carro tirado por las mulas.

Cada día que pasaba, crecía en mi ánimo, con más coraje, el deseo irrefrenable de hacer un viaje en tren, lo más pronto posible, para calmar las ansias que sentía de recorrer el mundo. Enfermé de envidia, por no poder hacerlo antes de los dieciocho años, como hubiese sido mi anhelo. ¡Qué dichoso era al verlos pasar zumbando sin detenerse, por no haber estación en la finca! Con un simple apeadero que hubiera habido, en un descuido de mis padres, hubiese subido a uno de ellos para disfrutar de la velocidad.

Para un niño, que es inquieto de nacimiento, no existe curiosidad comparable en esta vida como la de ver pasar los trenes, sin saber de dónde vienen ni a dónde van. Era tanto el interés que sentía por el dichoso tren, que una mañana, cuando todavía no había cumplido los diez años, le propuse a mi hermano menor, como si de un juego más sé tratase, poner una trampa para coger un tren.

Un domingo, por la tarde, cuando los gañanes se encontraban en el pueblo, disfrutando de su día libre, me dirigí con "mi ayudante" al campo donde estaban los arados en la besana, para coger las cadenas (llamadas "estiraperros", no sé por que) con las que los obreros enganchaban las vertederas, desde el timón hasta el yugo de las mulas. Con ellas arrastra, porque de otra manera no podíamos, nos dirigimos al lugar previamente elegido. Había dos robustos robles, en aquél sitio, uno frete al otro, a cada lado de la vía. Unimos las cadenas, por las anillas y los ganchos, las atamos a los árboles lo más fuerte que pudimos y cuando estaban, según nuestros deseos bien puestas, nos escondimos detrás de unas marañas que había allí cerca, donde esperamos nerviosos que pasara el primer tren para retenerlo.

Si para nosotros, niños "semisalvajes", era emocionante ponerlo lazo a las aves, a la entrada del nido, para atraparlas, él hacerlo a un tren no tiene punto de comparación con nada conocido. Cuando lo oímos silbar, (en una curva que había un poco antes de llegar), el corazón, rebosante de alegría, nos daba saltos de la emoción dentro del pecho. Nuestra ignorancia, no tenía límites. Estábamos convencidos, de que quedaría atrapado en la trampa que le habíamos tendido. Las cadenas eran fuertes, pero no tanto, para detener a un tren que va embalado. Los pequeños, somos así de optimistas, por faltarnos el cálculo para valorar nuestras acciones en su justo término.

El tren llegó echando chispas, por que iba cuesta abajo, pero a pesar de la rampa del terreno la velocidad, mal calculada, no sería inferior a los setenta kilómetros por hora. Cuando éste estaba acercándose a la trampa, peligrosamente, presos de la impaciencia nos levantamos, de donde nos encontrábamos amagados, para poder ver bien, con todo detalle, como era sujetado. Deseábamos fervientemente verlo "aletear," como si de una perdiz se tratara.

Traía tanta velocidad, tanta fuerza, y la cadena era tan endeble para él, qué ni el maquinista, ni los pasajeros, se enteraron de que lo habían intentado cazar. Las cadenas quedaron echas trizas, del fuerte trompazo que recibieron. Los gañanes; no pudieron labrar al día siguiente, hasta que el herrero se la arregló. A nosotros, nuestro padre, nos pegó una somanta de palos que nos puso el culo más morado que la grana, por indisciplinados. Otro cualquiera, en mi lugar, después de esta memorable paliza, hubiese perdido la afición por el tren. No fue este mi caso. Ni hizo mella, en mi entusiasmo, aquél justo castigo. Seguí siento cada día más "trenófilo," amándolo con toda la pasión que era capaz de hacerlo mi alma.

Hoy, que hay tantos medios de locomoción, continuo creyendo que llegará a ser el tren, con el tiempo, si el hombre se lo propone, el trasporte de viajeros del futuro, por no poder ofrecer otro tantas ventajas. Si éste es vilipendiado, muchas veces con razón, por el abandono en que se encuentra aquí, en España, la culpa no es suya. Estos motivos, ciertos, nada tiene que ver con el fondo del problema, que no son por falta de medio humanos, ni técnicos, sino por el desgobierno de siempre.

Si los trenes están sucios y llegan con retraso, como suelen alegar la mayoría de los usuarios, no es por culpa de este medio de trasporte. Nada de esto, que tanto se le achaca, con razón o sin ella, es responsable, por ser un sujeto pasivo que cumple con una misión con arreglo a lo programado por el hombre, causa de todos sus fallos. Igual puede salir tarde que temprano, según cuando le den la orden de partir. Ir sucio o limpio, depende como lo cuiden. Ganar a perder dinero, este detalle se deberá a su buena o mala administración.

Sería una barbaridad, indigna de la raza humana, abandonarlo definitivamente, por falta de amor, con la disculpa, aparente, de que no es rentable. Si se estructura bien no hay, ni puede haber, ningún trasporte que compita ventajosamente con él. Singularmente, el que se refiere al trasporte de viajeros, que es el que más debe interesar al hombre. Para viajar por tierra firme, si se moderniza, no puede haber otro más rápido, más seguro, más cómodo y rentable, digan lo que quieran sus detractores.

¿Alguien ha pensado alguna vez en estudiar, para empezar, un proyecto de tren nuevo que una Madrid, con Barcelona, pasando por Valencia, las tres capitales más importantes de España? Con la tecnología del futuro, se podrá conseguir, sin que esto sea una utopía, velocidades de quinientos kilómetros por hora, siendo factible evitar los choques y los descarrilamientos. No habrá otra medio de trasporte terrestre más veloz, por no tener que desplazarse los viajeros a los aeropuertos, con el tiempo que estos viajes cortos cuestan, hoy en día, por lo mal comunicados que están. No olvidemos: que, aunque fuesen más sencillos y ligeros, los viajeros tendrían que hacer, por la fuerza, tres viajes; para llegar de una ciudad a la otra. Hay que desplazarse de Madrid a Barajas, desde Barajas, volando hasta el Prat del Llobregat, y de éste hasta la ciudad Condal, por ser imposible, por muy grandes que sean los adelantos, hacer un túnel bajo tierra para que puedan aterrizar los aviones en el centro de las ciudades, con lo facilísimo que es hacérselo al tren, igual que si de simple metro se tratase. El viajero de éste medio lo puede coger en la puerta de Sol y bajar sin dificultades, en la plaza de Cataluña, siendo lo mismo para cualquier otro capital o pueblo. ¿Quién puede dar más progreso?

Si en hora y media se puede llagar desde la puerta del Sol a la plaza de Cataluña, en la mitad del tiempo al centro de Valencia, con todas las comodidades del mundo, incluida la rapidez, poniendo los billetes al mismo precio de los del avión la RENFE, se forraría de millones, que buena falta le hacen, (si prescinde de los enchufados y demás amiguismos, que la arruinarían, en cuatro días, por mucho que ganase, echándose a perder tan sugestivo negocio).

Estos beneficios, que como he dicho pueden ser un escándalo, por no tener competencia, debían de valer para que este medio de locomoción tan popular se pudiese poco a poco extender por todas las ciudades más importantes de España, donde la rentabilidad estuviese asegurada. Si no hay ganancias, no seamos ingenuos, aunque la empresa sea pública puede cerrar, para no contribuir con sus pérdidas a la ruina de la Nación.

Cuando me ponga a soñar despierto y pienso, si un tren de estas características diese la vuelta por la circunvalación de la Península Ibérica, recorriendo todas nuestras costas y nos autorizasen a poner ramales que empalmasen, desde la frontera de Francia, con el resto de Europa no nos sería necesario exportar nada. Vendrían aquí, turistas todo el año, en cuando tuviesen unos días libres y se comerían y se beberían nuestras cosechas, por muy grandes que éstas fueran, evitando así, entre otras desventuras, que nos quemen los camiones en el país vecino. La fuente de ingresos, del Estado, por este concepto, sería tan descomunal qué miedo me da pensarlo por sí, para no arruinarse en serio; el resto de las naciones del Continente, ponen severas restricciones, a la circulación de personas, que hambrientas, sobre todo del sol que nos sobra, pasarán en nuestra Patria todo su tiempo libre, La suerte nuestra, hay que decirlo muy alto, es que nunca fue posible mal vender el sol, cuando nos han hecho falta divisas fuertes, para salir de tantas ruinas como hemos estado siempre abocados. Por más que lo hayan necesitado vender, como lo han hecho con las materias primas, nuestros ilustres gobernantes, de cualquier época, no pudo ser, y por suerte nos pertenece todavía. Si esta venta se hubiese podido llegar a cabo por dinero, con, lo amantes que somos de los negocios sucios de esta índole, hoy estaríamos viviendo, por haberlo traspasado todo, en un clima glaciar, peor que el de Siberia, perdiendo, con esta mala gestión, el fabuloso futuro que nos espera, si sabemos sacarle el provecho que los rápidos medios de comunicación de masas nos pondrán en bandeja, (por su puesto de oro), el próximo siglo.

Mientras que estos trenes, no sean realidad, reconozco que el avión es medio más raudo y por lo tanto más cómodo que existe. Sólo he volado una vez, desde Valencia a Mallorca. Lo hice por qué no sabía el miedo que iba a pasar, si lo sé no subo. No quiero decir, porque siento pánico en él, aunque sea e medio más seguro de viajar en la actualidad.. Sus ventajas, nadie las puede negar, pero, los que somos cobardes a volar por las alturas, y no tenemos la obligación de cruzar el charco, como le llaman los castizos, el viaje aéreo no lo practicaríamos si hubiese trenes rápidos, seguros, cómodos y limpios..., saliendo y llegando a su hora.

Si no es por obligación, o por necesidad, el viaje en avión lo tengo totalmente desechado. Cuándo estaba tan alto pensaba "si se cayese ¿qué me sucedería?" Hasta la fecha no existe un medio eficaz de salvamento, ya sea paracaídas o algo parecido. La carne se me puso de gallina, por el temblor que me entró en las entrañas, al saber que estaba condenado a muerte, sin remisión, siendo inocente, en caso de que una avería diese con el aparato en tierra o en el mar.

A la bella isla fui en avión y volví en barco, por no haber, por el momento, un tren a mano con el que hacer la travesía. ¡Menudo chasco me volví a llevar! Además de marearme, como es corriente al que sube por primera vez, estando el mar alborotado: no hay nada más aburrido en el mundo para mí, que viajar en el barco, no pudiendo contemplar un paisaje más empalagoso. No se encuentra, ni una sola estación en todo el recorrido; con lo que alegra ver a los vendedores que se acercan a ofrecerte sus productos, mientras que el tren esta parado. Agua y cielo, cielo y agua. ¡Qué pesadez tan grande ver, durante unas cuantas horas, (por que el viaje era corto), tan monótono panorama.

Ni el avión ni el barco, por las causas ex puestas, son de mi agrado. El coche particular si lo conduzco y el viaje es corto, lo soporto bien. Si es más largo de cien kilómetros, como soy muy perezoso para viajar, en un medio de trasporte donde no puedo rebullirme de mi asiento, pronto me entra un cansancio peligroso exponiéndome, por dicho fastidió, a un accidente, de los muchos que se dan por idénticos motivos. No crean que mi actitud es peyorativa para el coche particular. Es, me parece a mí, el medio más útil que hay para andar cerca de casa. Quiero decir: para recorrer distancias cortas, de las que somos tan habituales. También tiene un futuro brillante para recorrer los pueblos olvidados de nuestra geografía, donde las carreteras están desiertas y, en dichas poblaciones puedes aparcar, por lo despejadas que se encuentran sus calles. Lo arriesgado, es hacer viajes largos con él, por carreteras desconocidas, donde abunda la circulación. Es muy peligroso, aunque no lo parezca, conducir un vehículo que no tiene vía fija, ni velocidad constante, quedando supeditada su feliz marcha a las características del tráfico y a la preocupación del chofer cosas, ambas, muy particulares, que no ofrecen una total garantía desde el punto de referencia de la seguridad.

Digan lo que digan, sus incondicionales, el viaje en coche es muy pesado, si éste es largo. No puedes distraerte, ni un segundo, en horas y horas. Te está prohibido contemplar el paisaje, que sea de tu agrado, si no te detienes. Siempre as de llevar la vista al frente, para poder observar bien todo lo que sucede a tu alrededor, sin olvidarte de volver la vista atrás, por el espejo retrovisor, si has de hacer cualquier maniobra autorizada que signifique peligro, siendo esta atención agotadora, por lo monótona, por no admitir distracciones, teniendo que ser constante durante el recorrido, que te lo pasas acelerando y frenando, poniendo y quitando marchas, llegando, por culpa de este trajín, a ponerte los ánimos encrespados, perdiendo, por este mal estar, la educación; insultando, con razón o sin ella, a quien se ponga en tu camino y no conduzca a tu gusto.

El viaje en autobús, no deja de ser una variante del coche, con sus mismos problemas. La ventaja sobre éste, que el conductor es profesional, sin que se pueda decir que no tienen la parte de siniestros que les corresponden. Los pasajeros, si el viaje dura mucho, llegan, a su destino, tan deshechos como los viajeros en coche, por no poder moverse de sus asientos,

Todos los medios de locomoción tienen defectos. Muchos de éstos son insuperables. Nadie podrá evitar, por mucha ciencia que se disponga, de que se estrelle un avión, ni que se hunda un barco, ni que choquen los coches y similares. Es imposible impedir que estos accidentes sucedan, no habiendo fuerza humana, por ahora, de acabar con ellos totalmente. Los trenes sí. Los trenes del futuro deben de ser completamente seguros. Es el único medio; que por sus características, ofrece dicha ventaja. No es necesario ser un genio para prever que es factible obtener dichos resultados, en muy pocos años, si nos gastamos el dinero en investigación.

El tren del mañana, debe de ser el monorraíl. Éste, al ir empotrado, en la que ha de ser su vía, el descarrilamiento es imposible. Si la vía es doble y todos circulan por la derecha, (dejando de uno al otro el margen que sea preciso, para no arrollarlo por detrás, en caso del que él precedente sufra una avería), los choques están descartados. Para esto se les puede dotar de teléfono directo entre los conductores, haciéndolo también entre las estaciones. Sí, no fuese suficiente, con todo lo dicho anteriormente, no estaría de más poner un sistema electrónico, tipo redar, capaz de detectar, en las condiciones más adversas, el tren averiado, con el tiempo necesario, para que sin que Inter.-venga nadie, en caso de no advertirlo, antes de llegar a chocar sea éste detenido automática-mente.

No acaban aquí las ventajas. Una ventanilla es el mejor balcón que hay para ver España, ¡qué es preciosa!. Si no fuera suficiente, con lo expuesto, todavía encierra bastante misterio para hacerlo más atrayente. En el avión, en el autobús, en el coche..., tienes destinado tu asiento y de él no te puedes mover en todo el trayecto. Si tienes la mala suerte, cosa frecuente, de que te toque al lado un pasajero que no es de tu agrado te has de conformar, aunque se te haga desagradable el viaje: siendo lo más normal que así suceda. En el barco, como he viajado poco y no me encontraba bien, no conozco las posibilidades que hay para hacer un ligue, (aunque las series televisivas, que son excesivamente engañosas, todo este asunto lo pinten de color de rosa). En el tren, por su singularidad, se disfruta de la libertad suficiente para andar por él, de un sitio para el otro, sin molestar a nadie. Si sucede que, en el compartimiento que nos ha tocado, no va una persona de nuestro agrado, del sexo opuesto, podemos dar una vuelta para ver si la encontramos. Conquistar una mujer, desconocida, nunca es fácil, pero hay que reconocer que en este medio de trasporte se da, no se las causas, cierta dosis de liberalización entre los pasajeros. Intuyo que debe de ser porque se sienten un poco más independientes por ser, entre sí, desconocidos: pudiendo tapar, en caso de tenerlos, por este motivo, sus defectos, sus faltas, sus pecados...

Tengo un íntimo amigo que conoció, a la que hoy es su señora, en el tren, viniendo de hacer un viaje por Andalucía. Salimos, fuera del compartimiento, a fumarnos un cigarrillo, para no molestar, con el humo, a las mujeres y los niños que viajaban junto a nosotros. Enseguida, por su atractivo, nos emocionó, la presencia de una joven morena, asomada a la ventanilla del pasillo. Ésta era alta, no muy delgada. De una belleza singular: por ser agradable, graciosa, simpática; sobresaliendo, descaradamente, sus inigualables ojos claros, capaces de quitarle el hipo a quien los contemplase fijamente, con un poco de descaro, como se suele hacer, comúnmente, cuando algo extraordinario nos atrae más de lo usual entre nosotros. Mirarlos fijamente no era posible, sin enamorarse de ellos. El muy ladino de mi compañero, esto fue lo que hizo: encapricharse de tan exquisita y suave mirada, con un ardor, tan desesperado. No aguanto, más de un minuto, sin acercarse a su lado, a exponerle el agradable contento que había experimentado, en sus sentimientos, al conocerla tan inesperadamente.

La reina del encanto, iba contemplando, extasiada, el maravilloso paisaje a su paso por Despeñaperros. Él me insinuó, con cierto acaloramiento, sus prisas por ir a los servicios. Puso aquella vulgar disculpa para pasar por su lado, que lo hizo rozándola, descaradamente. Al cruzarse por detrás de ella; se acercó demasiado. A la vuelta, repitió la misma suerte, esta vez dándole un fuerte achuchón, (en la parte más sobresaliente de su cuerpo) Fingió, el muy granuja, que se había tartaleado, con los movimientos del tren, y le pidió, muy amablemente, perdón por el empujón. Con esta socorrida disculpa, entabló conversación con la que hoy es su mejer, con todas las bendiciones establecidas.

No sé que más puedo decir a favor del tren, sin que se me pueda acusar de ser mi punto de vista particular, algo exagerado para con él. Siento, sí, soy tan apasionado, por este medio de locomoción tan esperanzador. No es culpa mía, que ofrezca tantas ventajas, sobre los otros medios de trasporte, si es adaptado para el futuro. Nadie me podrá negar, con datos fiables en la mano, que no tengo suficientes motivos para gritar, con razón. ¡VIVA EL TREN!

FIN

LA DESGRACIA

CUENTO

Era un joven labrador, que un día tropezó en un libro con el arado. A pesar de encontrase en mal estado, por haber pasado allí ciento tiempo enterrado, aún se podía leer sin grandes dificultades.

Cuando un alma ciega ve la luz, de golpe y de repente, queda encandilada, ya no le es fácil volver a ver las cosas igual que antes de haberse deslumbrado. Por esta razón, debería haber una ley prohibiendo sacar libros al campo, para no correr el riesgo de dejarlos olvidados.

Pronto coincidió, la pureza del libro, con el alma de Eduardo, (que así se llamaba el labrador) Desde, el día, que cayó, tan preciado tesoro en sus manos, no se separó de él, nada más que lo indispensable para cumplir con sus obligaciones laborables.

Eduardo, antes de conocer aquél traidor volumen y su contenido, era la encarnación de la ignorancia. No sabía apenas nada de nada y, conocía menos de la mitad de las cosas, que una persona debe de conocer.

Él, uncía su yunta, todas las mañanas y sé pasaba el día labrando. Como un pajarillo, sin intención, sin maldad, le cantaba al viento sus alegrías y sus tristezas. Como cosa curiosa les diré, que el viento siempre lo escuchaba.

Una de las cosas que más le impresionó, de sus lecturas, fue que hubiese seres superiores o inferiores. Él sabía que las grandes ciudades del mundo estaban muy pobladas, pero no sabía como eran estos hombres que las habitaban. Sólo conocía que se les llamaba señores, vestían bien, tenían cultura y era educados... Pero nada más. Por ese era tan feliz, por que los creía muy diferentes como en la realidad son.

Una vez hubo adquirido unos someros conocimientos, de lo que era la realidad, abrió los ojos, advirtiendo su torpeza. En el libro que leía, se hablaba mucho de buenos y malos, ¿qué no somos todos iguales? Que pregunta más ingenua se hizo. Así debía de ser. Así estaba escrito por Dios, pero en la práctica..., esto no se llevaba a cabo.

De no haber encontrado aquél libro pecador, (pecador para él), seguro que no hubiese palpado el dolor que, mutuamente, nos ocasionamos los unos a los otros, sin poder remediarlo, llegando a conocerlo, en toda su cruda realidad, muy diferente como a su tierna edad lo percibía.

El desagradable hallazgo, llegó en el momento más importante de su vida. Lo hizo cuando el amor le abría las puertas de par en par. ¡Qué mala pata! Porque le quitó la fogosidad, el optimismo y la euforia que da la incultura, sumiéndolo en la tristeza y el pesimismo que da el saber, siendo por dicha razón, por lo que se le escapó, entre los dedos, un gran porcentaje de felicidad a su favor.

Conforme si iba acostumbrando a la lectura, sentía mayor necesidad de escribir. En mucho "pasajes," de las obras que leía: no estaba de acuerdo, con sus respectivos autores. ¡Ah! ¿Pero cómo hacerlo?. Leer mal que bien sabía, lo poco que le enseñó su abuela. ¿Y escribir,? Escribir: era mucho, muchísimo, más difícil. La prueba es que cualquiera puede ser lector,¿pero y escritor?

Muchos dirán que no tienen ideas para hacerlo. Pueden tener razón, ¿No será por casualidad, que no saben expresarlas? ¿No discurrimos todos distintamente? Pues cuando nuestras razones son opuestas, indiscutiblemente que reflexionamos diferente y, por lo tanto; nuestras ideas son aptas para plasmarlas en un cualquier libro donde se puedan considerar. (De no ser que los conceptos expuestos, en un gran porcentaje, no debían de salir a la luz pública y, claro está, hagan poco favor a la misión que se les tiene encomendada a los libros, siendo mejor no ser publicados, en provecho de los lectores, únicos beneficiarios de toda obra escrita).

Cuánto puede una afición, cuando se haya empujada por una firme resolución, porqué sino: ¿cómo hubiese intentado ser escritor, sin tan siquiera conocer bien lo más elemental de la gramática, el alfabeto?

Si existe vocación y voluntad, en una misma persona, se vencen con facilidad todos obstáculos habidos y por haber, saliendo airoso de cualquier trance, por trabajoso que éste sea y muchas veces, se logra sacar la cabeza con éxito, por donde se ha metido.

¡Cuántas lágrimas se le cayeron en cima de las cuartillas! Nadie sabe lo malo que es concebir buenos juicios y no poder expresarlos por falta de conocimientos, gramaticales, para hacerlo. Muchos creen que con entender lo escrito es suficiente. ¿Cómo se puede comprender, lo que mal se explica? Resulta muy sencillo decir eso, pero en la práctica es..., imposible. Se rompen por toda parte las ideas, no se engarzan bien los pensamientos, y se afirman cosas contrarias la las ex puestas, terminando decir lo que no se proponía, por no haber colocado las frases donde corresponden, llegando, a un grandioso confucionismo.

Viendo en el ambiente donde se desarrollaba su vida, nunca llegaría a perfeccionar su conocimientos, decidiendo irse a residir en una gran ciudad. Lo que nunca pudo sospechar, es que encontrara tantas dificultades, para sus locos afanes de hacerse escritor.

Como procedía del campo, fue a parar a la construcción, por ser éstos los oficios que más se dan la mano entre sí. Pronto encontró trabajo, como peón de albañil. Como su sueldo era de los más bajos, por su escasa cualificación dentro del oficio, necesitaba echar horas "extras" para ganar lo suficiente y poder cubrir los muchos gastos que el mantenimiento de su hogar requería; por lo que apenas le quedaba tiempo libre para dedicarlo a su predilecta inclinación.

Con los años se fue acrecentando su amor por los libros y todo lo relacionado con ellos, hasta el extremo de llegar a ser lo único verdadero en su vida, junto con el amor de su esposa y sus hijos.

Su esposa era para él su musa, que en forma de mujer le había entregado el destino. Respetuosa, sencilla, inteligente. Aunque miren por donde en uno de esos días aciagos, que se tienen sin saber nadie los motivos, del mal humor le dijo:

-- No debías de escribir más.

-- ¿Por qué? Le respondió, Eduardo, sorprendido.

-- Pues, porque me parece qué, careces de genio creador.

-- ¡No digas tontería!

-- ¿Tonterías?

-- Sí, tonterías...

-- Qué has ganado, en ocho años que llevas escribiendo... ¿No es suficiente tiempo, para haber alcanzado algún premio?

-- Sí y no. Todo depende de cómo se mire...

-- ¡Pues yo creo que es más que suficiente!..

-- Ocho años, son muchos años, para el que tiene todo el día libre, una carrera terminada...

-- Y, para ti también...

-- Para mí no. Yo carezco de estudios, teniendo él deber de trabajar diez horas diarias...

-- ¿Y, cuánto, a pesar de lo que dices, tienes escrito?. Los cajones de tu mesa, están llenos a rebosar, de tus papeles emborronados!

-- Tienes que tener paciencia...

-- ¿Más de la que tengo?

-- Sí, más. Aunque te asista toda la razón del mundo, me parece que estás perdiendo el tiempo criticándome.

--Pues entonces..., apaga las luces ¿Cuándo llegará, ese premio que tanto anhelas?

-- No lo sé. Hasta aquí no se me ha premiado nada, por que mis escritos carecen de forma...

-- ¿Qué falta les hace?

-- Mucha...

-- ¿Para qué?

--Los jurados, están compuestos por hombres cultos, ¿cómo van a premiar una obra que no tiene cultura?

-- ¿El amor que pones, en todo lo que escribes, no es suficiente?

-- No lo sé.

-- ¿Es superior lo aprendido, lo estudiado, que lo que se lleva dentro?

-- No es mejor, sino distinto, más perfecto. Por estas circunstancias a mí no me premian nada, aunque tenga mis escritos un valor real mayor que lo galardonado a otros.

-- Puede que tengas toda la razón del mundo. ¿Pero para qué quieres lo escrito? ¿Para qué? ¿Cómo podrás llegar a perfeccionar lo que haces, si careces de medios para estudiar la gramática? Si no puedes triunfar, sin mejorar lo que escribes, ¿Por qué pierdes el tiempo?

-- No mal gasto el tiempo. De mis primeros escritos, a los últimos, hay una gran diferencia a mi favor.

--Soy, la que tiene más ganas, de que salgas victorioso. Reconozco, el mérito de lo que haces. Llegas de trabajar, cansado, y te pones a escribir, leer, estudiar, entregándote a lo que te gusta, sin desmayar ni un momento. Eso es muy halagador. Lo que me duele, es que pierdas, una parte importante, de la juventud de tu vida ante las cuartillas, sin saber si va aprovechar todo lo realizado y... aun no has terminado..

-- Estoy sufriendo más que nadie, Tú no tienes dentro de tu pecho el fuego que a mí me está abrasando las mismísimas entrañas. ¿A quién hecho la culpa? ¿Quién es el causante de mi afición? Mejor es aceptar el destino de cada uno, aunque se esté a todas horas del día pensando en lo que a uno le gusta, en lo que siente, y no lo puede hacerlo bien por no tener los conocimientos necesarios, aunque sé entregue a ello con todas sus fuerzas, como a mí me sucede.

-- Lo que te sucede es triste, pero digno de tener imitadores...

-- En mi trabajo estoy contento, aunque no deje de pensar en mi inclinación, como ser humano que soy.

-- Aunque muchas veces llego a criticarte, sé positivamente, en el fondo de mi corazón, que triunfarás. Lo llevas escrito en la mirada. ¡Tienes que triunfar por qué te lo mereces¡.

Cuando terminaron aquellas emocionantes frases. Los dos se enlazaron en un fuerte abrazo y, visiblemente enternecidos, por las circunstancias, se pusieron a bailar, al compás de unas melodiosas notas que sonaban, atravesando la pared. Procedía de la casa de la vecina de al lado, que tenía puesto un poco alto el radio. Los dos se ponían una vez más de acuerdo, y esperaban confiados que, tarde o temprano, el triunfo llegaría.

FIN.

¡POR ENCIMA DE TODO EL AMOR!

CUENTO

Inmaculada, era una chica que, a pesar de la riqueza y el bienestar en que vivía, no era feliz. Poseía todo lo que un ser humano pudiese desear, ¡pero le faltaba algo para ser dichosa, ese algo era el amor!

Inmaculada, tenía novio, pero no era dichosa con él. Una vez pasó el tiempo de la venda en los ojos, (puesta por los primeros apretones), la reiterada monotonía, en los que le siguieron, por falta de profundos sentimientos; y sinceridad, hicieron que, Inmaculada, se aburriera de algo que, no debe de conocer la decadencia, ¡cómo es el amor!

Claro que, para no debilitarse, hace falta seres extraordinarios no vulgares, como ella encontraba a su novio, que iba de decepción en decepción. Unas veces su falta capacidad amorosa y otras por su falsa conducta ante la vida.

No hacía ni una semana, que se había enterado, de como engañó a un obrero, que acudió a él para denunciar al amo con quien trabajaba, (él es abogado), después de asegurarle, con falsos juramentos, que una vez pusiera la denuncia cobraría todos los derechos y, ¡aún más!. Luego fue y pactó con el dueño, todo lo que debía de cobrar de los honorarios que le correspondían y sé lo repartieron entre el amo y él, haciendo volver al obrero al trabajo, sin haber cobrado un céntimo de lo que era suyo, con el consiguiente perjuicio, (que como dio por triunfador al patrono), después estaba mal visto en la empresa, teniendo que realizar los más duros trabajos y como no podía salirse, porque tenía una mujer y dos hijos que mantener; el pobre había de aguantar toda la quina que sobre él, el jefe principal hacía caer.

Inmaculada, por todas estas cosas, cada día le odiaba más, repitiéndose, en lo más profundo de su ser, "¡Qué falta hace un ser como éste en la tierra? ¿Éste es un hombre, o un malvado? " Luego más serena se apiadaba de él. "¿Qué va hacer, si hace lo que siente? ¿Hasta que punto es culpable? "

Bruno, (que así se llamaba su novio), sólo tenía dos metas bien definidas: deseaba comprase una mansión, o algo similar, y que le dieran, una distinción, por sus méritos. Estas eran sus máximas aspiraciones. Luego, todo lo que hacía, no lo hacía pensando en el daño que con su actitud ocasionaba a los demás, por buscar conseguir una cosa que le correspondía, y para lograr algo que no se merecía, tuvo de recurrir a todas las bajezas, inimaginables, (aunque lo hiciera inconscienmente) , de ahí pueden proceder todos los estériles resultados que siempre afectaron a la humanidad.

Unos días lo odiaba, otros lo compadecía, (por que no era tan cruel como para no sentir lástima) En este estado de ánimo, poca felicidad se puede experimentar, ¡en caso de qué ésta exista!

Con toda su tristeza a cuestas, se encontraba pasando sus vacaciones de verano. Estaba en el cortijo que sus padres tenían donde, bajo una misma linde se conjugaban, a las mil maravillas, las tierras de labor, los viñedos, el monte, él ganado, la caza; sin faltarles el agua; para su mayor riqueza y esplendor.

Cuando ya habían pasado mes y medio de sus vacaciones: una tarde coincidió con un pastor en el camino, cuando ella volvía de pasear El pastor era un hombre, que aunque vestido con ropa mugrienta, dejaba traslucir, en el fondo, un aspecto sencillo. Ella lo miró y lo remiró, pero no podía dar crédito a lo que sus ojos estaban viendo. Por un momento estuvo apunto de entablar con él conversación, pero le faltó el valor para hacerlo y tubo que desistir.

Volvió a casa, algo soliviantada, y aunque quiso, no pudo olvidar la mirada que él le lanzó. La mirada, aunque parezca mentira, tiene más fuerza expresiva que las propias palabras, por está razón, de los ojos de aquel hombre salió una triste, pero dulce mirada que le hizo estremecer la fibra más sensible de su delicada y atormentada alma.

No pudiendo lograr acostase, sin saber quien era aquel hombre extraño, llamó a la doncella, para ver si ella, (que siempre suelen rastrear por los sitios más bajos), le sabía decir algo referente aquel ser que con solo una mirada le había llenado el corazón de esperanza.

Poco tardó en saberlo todo, por boca de la criada. No era tal pastor, (o mejor dicho lo era, pero circunstancialmente) Dicho señor, tenía terminada una carrera Universitaria. Hacía dos años que, su esposa, había muerto en un accidente de tráfico, habiéndolo hecho también los dos hijos que la acompañaban.. Bruno, quedó tan afectado por el suceso, que perdió la razón, y lo que era peor las ganas de vivir. En éste estado de animo decidió hacerse pastor, como lo había sido su padre. Él pasaba grandes temporadas ayudando a su progenitor, particularmente, cuando era un niño, antes de ingresar en la Universidad. Incluso pasaba sus vacaciones en el cortijo, donde su padre prestaba sus servicios; llegando a la conclusión que el único lugar que él conocía, para ser feliz, no podía ser otro que el de vivir en el monte, como lo habían hecho sus progenitores. El mundo ya no podía ofrecerle nada bueno, siendo esta la razón por lo que se decidió por la vida retirada que él conocía.

No le importaba en caer en la reiteración de los tópicos; le sobraban razones para hacer lo que hacía, por lo tanto, no se quiso parar en meditar si el ser pastor esteba anticuado. De lo que estaba seguro era que iba a encontrar la paz y la soledad, (que tanto buscaba, trabajando al aire libre), de la que estaba tan necesitado.

Inmaculada, cuando supo todo esto, por mediación de la doncella, le dio las gracias y se encerró en su habitación, deseando la llegada del nuevo día; para poder ver más de cerca a ese ser maravilloso, y a la vez, tan desgraciado, por su mala suerte.

En esta ocasión, no era muy objetiva, en sus juicios, al comparar a un hombre, que ya no amaba, con otro que empezaba a querer. En éstas circunstancias, hay la misma distancia, como si se quiere comparar un charco con una fuente.

Mucho tardó en dormirse, aquella noche, por esta razón, cuando lo consiguió, lo hizo prufundamente, y no pudo, como ella quería, madrugar; por eso una vez abrió los ojos; creía haber tenido un sueño fantástico y, con una alegría que no acostumbraba a tener; se levantó de un salto, encontrándose más joven, y sólo habían pasado unas pocas horas.

Al haberse levantado tarde, ya no tenía prisa. Almorzó tranquila, (dentro de lo que cabe, en estad circunstancias), y cuando hubo terminado, despacito, de dirigió a la casa, donde Bruno vivía, para esperar allí su llegada.

La puerta estaba abierta, y una vez dentro de la vivienda, viendo en el desbarajuste en la que sé encontraba, procuró ponerlo todo en orden. La daba, la corazonada, de que él no la hubiese hecho nunca, al faltarle las nociones de cómo lo debía de hacer.

Cuándo todas las cosas las tuvo puestas en su sitio, le dio por escudriñar, por todos los rincones de la casa, ¡qué grande no sería su sorpresa!; al encontrar, en una carpeta, un montón de cuartillas conteniendo poesías, que le parecieron que estaban hechas por un Ángel, en vez de por un humano, por su pureza. "¡Cuánto debió de amarla, (imaginaba, Inmaculada), para escribir las poesías que para ella había escrito".

Una vez terminó, de leer unas pocas cuartillas, quedó en un estado de sufrimiento y admiración, dejándola como si estuviese en otro mundo. Así estuvo, hasta que Bruno llegó, para echar la siesta: que por cierto la cogió con las cuartillas en la mano.

Él, al entrar y verla allí, le dio una vuelta el cuerpo, y tubo que se serenase para no coger la del brazo y echarla en medio de ejido, (por que allí no había calle), "¿Quién era ella para leer, sin su permiso, algo que nadie debe conocer?. ¿Es qué, por ser el ama, le da derecho a meter las narices en la vida privada de los demás?"

Una vez junto a ella, (al verla tan sumisa y cariñosa), cambió de actitud y después de saludarla, cortésmente, le quitó la carpeta de las manos y la volvió a dejar a donde estaba.

Inmaculada, un poco avergonzada, y otro poco turbada, se disculpó como pudo, de aquella falta de delicadeza, por haberse metido donde no le importaba. Él, con la educación, que siempre le caracterizó, (aunque un poco ofendido por aquella imprudencia cometida), le dijo que no tenía importancia lo que había hecho...

Ella, poniéndose en pie, algo aturdida y bastante avergonzada, le rogó que la llamase a la tarde, porque tenía la necesidad de hablar con él. Por su intromisión, había podido saber que era la única persona, que por su cultura, con la podía hablar, en todos aquellos contornos.

Él, dudo unos segundos, pero al fin accedió, no de muy buena gana, pero por el momento no podía hacer otra cosa. Debía de recordar que era su criado. "¿De qué querrá hablar conmigo, la señorita, se pregunto?"

A las cinco, aproximadamente, puso el rebaño en marcha hacia los restrojos. A Inmaculada, no fue preciso que la llamase, por que antes de salir la última oveja de la cerca, ya estaba ella tan predispuesta para marchar a su lado.

Inmaculada, iba bellísima, vestida con un conjunto azul, (pantalón y blusa), y unas zapatillas deportivas, que ella tenía de jugar al frontón. Toda su maravillosa figura sobresalía, en aquel extraordinario perfil, que él sin querer veía.

Bruno, por su parte, iba muy rústicamente vestido, pero no, por eso, era motivo para que Inmaculada, siempre que él mirase para otra parte, lo escrutara con la mirada. Porque cada minuto que pasaba, se sentía más atraída hacia él. Desde el momento supo que no era pastor, de esos que huelen a suero y requesón, sino que sabía rimar sus poesías con una sencillez y una profundidad, poco común hoy el día..., no lo podía olvidar...

Pensó, para sus adentros."¿Cuándo vale un hombre, como éste, que tiene suficiente fuerza de voluntad para abandonar la ciudad conociéndola y sabe hacer la mejor poesía que nunca, anteriormente, había leído, sin darle importancia, teniéndola olvidada, ajeno a las imprentas y a los frívolos triunfos?"

Inmaculada, que se tenía por una mujer inteligente, apenas si sabía, parear don frases, con sentido completo, mientras él empezaba a escupir amor por la punta de su pluma, para llenar cuartillas y más cuartillas, con los más originales poemas que ella había tenido en sus manos.

Inmaculada, recapacitaba, sobre todo ésto, mientras iba andando junto de él. Hasta que para romper aquel duro silencio, en el que sé encontraban, le preguntó.

-- Bruno: ¿hay por aquí alguna fuente, donde pueda beber un poco de agua? Tengo mucha sed.

Éste, casi ajeno a la pregunta le contestó:

-- Ahí, un poco más abajo, entre los juncos, hay una fuente que tiene el agua muy fresca y es dulce.

-- ¿No pensará que baje sola? Me da miedo, si por entre el forraje hay algún bicho. Me moriría del susto.

Inmaculada, poco a poco, iba trabando con él conversación, de lo que recibía mucho gusto, Le quedaba muy poco tiempo para estar en el cortijo y tenía que aprovecharlo, para así saber lo que en adelante debía de hacer.

Bruno, se disculpó diciéndole que no podía abandonar el ganado, por que una vez las ovejas solas, sin el pastor, se marcharían a los viñedos, que estaba bien cerca.

Inmaculada, lo convenció diciéndolo que, si por alguna de aquellas se marchasen a las viñas, pues no tenía por que preocuparse, que siendo los campos de sus padres, no pasaría nada y la culpa nunca sería de él sino de ella. En estos términos, como el que paga manda, pues al pobre Bruno sólo le quedó que obedecer.

Bajaba, Inmaculada, delante de Bruno, cogiendo margaritas y iba deshojando sus pétalos, arrojándolos, alegremente, por el aire, mientras ella cruzaba el camino de un sitio para otro, retozando.

Bruno, bajaba más concentrado, en sus pensamientos, y sin ninguna gana de retozar. Reflexionaba, sobre lo que a su alrededor estaba sucediendo y le daba miedo de que todo lo que él cría le pudiera suceder.

Una vez que, Inmaculada, ya estaba, practicamente, en la en la fuente, se oyó un fuerte grito de terror,(que por primera vez, en toda la tarde), agitó a Bruno.

Al acercarse, donde ella estaba, y verla como la muerte de blanca, no sabía que hacer, ni que decir, hasta que ella, como pudo, y con su dedo, le señaló hacía el agua. Él, al bajar la vista, y ver lo que era, se le dibujó una pequeña muesca de ironía, que ella apreció con cierta satisfacción.

Bruno, metiendo la mano dentro del agua y sacando a culebra y la rana le dijo:

-- No hacen nada. Las culebras del agua son inofensivas y las ranas más.

Inmaculada, vio con el atrevimiento había sacado del agua, lo que tanto horror le había causado a ella.

-- ¿No te da miedo, además de asco, coger a esos animales con la mano?

-- No, están muy limpios de estar siempre metidos en el agua.

Bruno, cogió la culebra por el rabo y haciendo un movimiento, como el que quiere sacudir un latigazo, (de esos que crujen), lo repitió un par de veces hasta que ésta cayó muerta.

--¿Por qué tenía, la culebra, la rana en la boca?

Muy sencillo, porque todavía no se la había podido tragar.

--Es horrible ver como la vida no respecta la vida. ¿Qué le habría hecho ese inofensivo animal, para el mal trato que estaba recibiendo?

-- Lo mismo que nos han hecho ellos a noso tros. ¿Qué nos han hecho, para que los matemos?

-- Nada. Tienes razón. Nadie siente el dolor ajeno, por eso es por lo que castigamos sin piedad. ¡Qué triste hubiese sido, para uno de nosotros, recibir ese trato sin merecerlo!

-- Gracias a, Dios, que todos los que sufren, (mejor dicho sufrimos),la vida no es eterna y, aunque sea a costa de nuestra propia vida, llega el día que dejaremos de padecer.

-- Menos mal, que así es...

Por primera vez, los dos se habían puesto de acuerdo, y es que no hay mejor manera de entenderse, que cuando cede el que más ama. En esta ocasión le tocó a Inmaculada.

Inmaculada, pronto se dio cuenta que, la iniciativa, debía partir de ella. De sobra sabía el gran respecto que los criados tenían con sus amos. Por lo tanto él nunca se atrevería a decirle los ojos negros tienes. "¿Cómo me las arreglaré para poder declararle mi amor, sin que se ofenda por mi falta de feminidad?" Por el momento, no encontraba la respuesta, pero si el amor hacia él, le seguía nublando los sentidos, como lo estaba haciendo; no sería extraño, que hiciese, antes y con antes, algún disparate.

-- Si no recuerdo mal, nos encontramos aquí, por qué querías beber agua, (le replicó Bruno) Si has de beber, aquí tienes la fuente, o por el contrario, si no has de hacerlo..., nos podemos marchar, aquí no está mi puesto...

--¿Qué quieres, qué me envenene bebiendo agua donde han estado esos bichos? Tengo sed, pero me la aguantaré...

Bruno, dando unos pasos, se agachó unos metros más debajo de donde nacía la fuente. Se lavo bien las manos y levantándose de nuevo, volvió otra vez al mismo nacimiento que, hincando las rodillas en tierra, llenó sus grandes manos de agua y acercándosela a la boca, empezó a beber, pausadamente. Comprendió que lo mejor era predicar con el ejemplo. De no haber bebido él, difícilmente ella lo hubiese hecho.

Al ver Inmaculada, como él estaba bebiendo, se hizo todo la valiente que era capaz y hacercándose a él, más coqueta que nunca, con voz suave y acariciadora le dijo:

--¿Quieres dame una poca en tus manos? Si no te mueres tú, yo tampoco lo haré...

El tono de su voz era cada vez más dulce. Tan dulce que penetraba hiriente en los oídos de Bruno. De no haber sido porque él era un ser, con un dominio de sí mismo, ¡qué muchos quisiéramos tener!. No se puede saber, lo que hubiese sucedido, por qué no le faltaba más que cerrar los ojos y despertar de nuevo a la vida.

Bruno, sin ponerse nervioso, con una sangre fría digna de un hombre que ha sufrid mucho. Cogía el agua de la fuente y se la acercaba a la boca de ella que, cada vez sentía más admiración por él. Cada minuto que pasaba a su lado, le parecía más hombre.

No sentía el más mínimo remordimiento, por estar coqueteando con otro hombre que no era su novio, estando ya cerca la fecha de su enlace matrimonial. Era novia, porque no había reñido pero, para su conciencia, ya no lo era; porque lo que tardase en echárselo a la cara, le iba a decir se buscase otra, por que ella no había nacido para él.

Cuatro o cinco veces llenó sus manos de agua, para que ella bebiera hasta hartase. Con dos le hubiese bastado. Inmaculada, lo que quería era que le diera agua en sus manos y le rozase el brazo con la manga de su camisa, cada vez que las subía hacia su hermosa boca.

Inmaculada, estaba muy turbada, por aquel respirar de él, lento y acompasado. Aquella manera de mirar sin mala fe, le estaba haciendo perder la razón y, lo qué es más, el corazón. Cada vez se sentía más atada al destino de aquél hombre que, había descubierto unas pocas horas antes, en medio de un camino.

Por esta razón, iba pensando en ser para él. Aunque no la quisiera, otro no le podría hacer de sufrir más de gozo, que él lo hacía. Una vez terminó de beber, el agua que él le daba, aprovechando que se encontraba un poco más alto que él, se abalanzó al cuello y dándole un beso tibio en la boca le dijo; sin apenas razón de ser...

-- No quisiera, atormentarte. Pero es que yo me martirizo pensando en lo que has sufrido todos estos años. Desde hoy deseo, ardientemente, que me llamas de tú, como corresponde a dos enamorados, no a una ama y a un criado. Los palos sientan mejor, de la mano del ser querido, que las dulces caricias del ser aborrecido. Ahora quisiera pedirte un favor. Quiero que me respondas, sinceramente, a una pregunta. ¿Nunca me podrás querer?

-- No soy quien, para contestarte esa pregunta. No sé definirla en toda la grandiosidad de su alcance. Sólo te diré que no podré nunca olvidar la mujer que tanto quise. Fue tan fuerte mi pasión, que el tiempo que estuve a su lado exprimí todo el amor que había guardado durante tantos años de espera hasta encontrarla. Después de que ella se fue, no he vuelto a pensar a ninguna otra y, vivo con la esperanza de que algún día la vuelva a tener a mi lado, (cuando esto ocurra será para siempre), por qué si no me he quitado la vida, ha sido por miedo a que Cielo me pueda castigar; poniéndome de castigo no juntarme más con ella. Todo esto unido, a que le di mi palabra de no querer a nadie más, por lo cual tengo, el deber, de cumplirla, para seguir siendo el hombre que me gusta ser.

Inmaculada, sintió cierto temor, por aquellas palabras, tan sinceramente pronunciadas. Sabía que sería capaz de cumplir lo que decía.

-- No quiero que me quieras, no quiero que ofendas la memoria de la mujer que tanto amaste, puedes estar tranquilo, qué aunque soy, una mujer, terriblemente sensual, no debes de tener, por eso, preocupación. Mi sensualidad no está grabada en lo físico, sino en lo espiritual; por eso te pido, ya que no puedes aceptarme, como una mujer que está locamente de ti enamorada, como yo lo estoy, al menos déjame cuidarte, haciendo todo lo que a una mujer le corresponde hacer, para se pueda sentir cómodo y feliz el hombre que ella ama y, autorízame a salir todos los días con el ganado y háblame de la poesía, que sin tu permiso he leído.

--No quiero negarte tu petición, (para que no creas que te odio), Pienso dejarte, porqué sé que esta vida no la podrás aguantar mucho tiempo. ¡Y no seré yo quien te eche!..., serás tú la que té marches de mi lado.

Aquél TÚ; (con mayúsculas), le rebotó en sus oídos. Era el vaso que llenaba su esperanza, pudiendo ser con el tiempo... Una nueva Ana-María. (que así se llamaba su fallecida esposa)

--Has hablado muy bien. Déjame a mí que me marche, qué cuándo lo haga; es por que ya no podré aguantar más la vida del campo.

Los terrones, de los barbechos, hacían una larga y puntiaguda sombra, por lo horizontal de los rayos del sol, ya pronto a cubrirse por los altos montes, que hacía poniente habían. Las ovejas, por su parte, sólo hacían que buscar la hierba más sabrosa, que les sirviera de postre, alegrándole el estómago lleno de espigas secas, de las que se le suelen caer de las manos a los segadores y no logran a dar con ellas las sudorosas espigadoras. Es muy difícil pasar la vista por todo un ancho campo, para que no quede ni una espiga. Aunque muy bien se mire; sólo las ovejas las encuentran todas, por ser tantas...

Llegaron en silencio, al caserón del cortijo, marchándose cada uno a su aposento. ¡No sin antes decirle, Inmaculada, que la volviera a llamar de nuevo, al día siguiente, a la misma hora!

Por la noche, los dos estuvieron meditando sobre lo ocurrido. Bruno, se decía para sus adentros. "Si he hecho un esfuerzo tan grande, como es, el de abandonar la ciudad, después de conocerla, para poder vivir en la mayor de las soledades y así poder tener todo el tiempo del mundo en recordar a mi extinta esposa. Ahora, por un descuido mío, al dejar las poesías, donde la mano del demonio, había llevado a un Ángel a tropezar con ellas, y por medio de unas líneas tenebrosas, escritas para romperlas, se lanzará sobre mí para hacerme pecar. ¿Porque qué hombre, con un corazón dentro el pecho, deja a una mujer esclavizar, por el amor que él le inspira, y ve secarse las lágrimas con el pañuelo, sin estrecharla entre sus brazos comiéndosela a besos? ¿Y..., cómo dejo que otra se agarre a mi cuello, para hacerme olvidar, a la mujer que me hizo vivir en un estado de embriaguez amorosa, pareciéndome más a un borracho de amor, que a un enamorado de su esposa?" Todas estas y muchas más razones, le turbaron los sentidos aquella noche, que en toda ella no pudo pegar ojo.

Inmaculada, por su parte, tuvo toda la noche un nerviosismo en la sangre, que no la dejaba estar dos minutos en la misma posición en la cama. Todo era dar vueltas y más vueltas, pero el sueño no llegaba, estando muy lejos de aparecer, por que ella le impedía que lo hiciera; para que no le pudiese quitar sus recuerdos, tan hermosos como tristes.

Pensaba en su delirio. "¿No se aburrirá de mí y, le haré, con mi presencia, se busque otro amo, para apartarse, de una vez, donde no lo puede importunar, con mi tentadora figura? ¿Y si esto sucediera? ¿Qué sería de mí, sino tengo fuerzas suficientes para respirar sin él? ¿Dónde está mi entereza, si cuando he visto el primer hombre, con los pantalones bien puestos, ya no he podido apartar la vista, ni el pensamiento, de ellos? ¿Cómo puedo buscar la ciencia de la vida, si la vida me arrastra, conociendo la ciencia? ¿No será éste un fuego, de llamaradas vivas, que lo que tarde en pasar, y me encuentre con la realidad, me sacará de donde me encuentro metida, para ponerme de nuevo en el ambiente en el que me he educado?"

Todas estas preguntas se las hacía, repetidamente, mientras que esperaba que llegase el nuevo día, para haber, si así, una vez levantada, podía calmar un poco aquel rescoldo que le estaba abrasando las entrañas.

Con los primeros resplandores de la Aurora, pronto empezó la alegre sinfonía que los gorriones, con sus trinos componían, en las canales del tejado de Inmaculada, Anunciaban, con sus cantos, que detrás; venía el día con su claridad meridiana y, con su caluroso sol de estío, que iba a calentar de nuevo a la Cigarra, que tenía las alas entrecortadas, por la humedad de la mañana, repelosa, de aquél mes de Agosto frío, por las muchas tormentas descargadas.

Cuando el sol apareció, por encima de los montes, Inmaculada, asomada a su balcón veía, como Bruno arreaba de nuevo las ovejas, en busca de las espigas, que todavía quedaban en los, rastrojos... Estaba allí, para decirle adiós y desearle suerte. Él no quiso mirar nada más que de reojo, para que ella no pudiera sospechar que él la estaba buscando con vista. Al fin y al cabo no la deseaba, con el ardor que ella lo hacía, en aquellos momentos.

¿Qué hubiese dado un hombre, podrido por dentro, por la carne pecadora que lo degeneró, por haber visto a Inmaculada pagada al cristal de la puerta del balcón, cubriendo su cuerpo con un solo camisón de gasa fina, que marcaba todas sus hermosas perfecciones y con un brillo en la mirada, por el deseo, solo frenado por su entereza virginal? Nadie sabe de lo que se es capaz, pero el hombre que no sea como es Bruno y, domine sus pasiones, como él las domina, se verá arrastrado (hacía el vicio infernal, que causa tantos quebrantos al cuerpo y tantas penas al alma), con más facilidad, que una caña de trigo vacía, flota por encima del agua de una riada, de similitud a la cuarta parte del Diluvio Universal; sin esperanzas de llagar a desembocadura alguna, para una vez apartada de la corriente, poder descansar, en los días de mar tranquilo, sino es con el descanso ganado con la muerte.

Inmaculada, aunque sentía deseos, no se veía arrastrada, porque su cuerpo estaba sano de lujuria y su alma, lo único que anhelaba era el amor, no el pecado, ¡qué aunque lo podía encontrar, a la vuelta de cualquier junco, no lo temía, por que no sería pecado, sino gracia, ya que ella no buscaba gozar, sino dar felicidad, a quien tan necesitado estaba de ella.

A Inmaculada, se le hicieron largas las horas, esperando la tarde, para volver de nuevo a ir con Bruno. Aunque largas, éstas llegaron.

Más preocupados que el día anterior, sé volvieron a marchar con el rebaño. Sólo esta vez no fueron, por el mismo sitio, (aún no habían olvidado lo sucedido en la fuente), y como la tierra de sus pastos era inmensa, igual les deba salir hacía el Norte, que hacía cualquier otro punto cardinal, por todas partes había mucha comida para el ganado.¡Por algo estaban en el mes de Agosto!

Una vez, las ovejas, estaban pastando tranquilamente, ellos se subieron a una pequeña loma que allí había; desde donde se divisaba, estupendamente la inconmensurable llanura. Aprovechando que, desde allí arriba, se guardaba estupendamente la manada, se sentaron los dos en el suelo. Inmaculada, abriendo un libro que llevaba, (que por cierto era de Lope de Vega), leyó, en voz alta, el soneto que lleva por título "Pastor, que con tus silbos amorosos"

Inmaculada, estaba leyendo y su voz sonaba como el bronce, cuando éste está roto. De lo que Bruno se percató en seguida que, con un nudo en la garganta, se vio obligado a tener que respirar casi sin apenas aire. Ella, una vez hubo terminado, le preguntó la poesía que más le gustaba. Sentía una gran curiosidad por saber como se había iniciado en algo tan maravilloso con es la poesía. Esa potente fuerza, a veces enmarañada, que le hacen, al que realmente es poeta, escupir amor en los momentos más amargos de su existencia.

Bruno, que por primera vez, (desde que murió su esposa) no se encontraba solo, le respondió: "La poesía se hace para enternecer, no para alagar. La poesía debe de ser una necesidad, para paliar el dolor de las entrañas, nunca una ocupación. El que la haga, por esa imperante necesidad del espíritu, se encontrará, sin buscarlo, su obra hecha inmortal. Más el que la haga por oficio, nunca logrará romper el hielo de los corazones, que deben engrandecer y por consiguiente, nunca llegará a valer, porque no tendrá fuerza para hacer sentir el fuego que es la poesía."

-- ¿Y me sabrías decir como es, la poesía que a ti te desgarra el alma?

-- "No sé si acertaré con mi definición. A mí me gusta la poesía que mueva al hombre hacerla, no la que el hombre busca hacer. La buena poesía hay que hacerla, solamente, cuando los sentidos te empujan, por el dolor que se está produciendo dentro de ti. No puede uno, que se tenga por poeta, sentarse ante las cuartillas, sin sentir un profundo dolor, porque el que lo hiciera, nada de provecho conseguirá y, la poesía que en este estado de ánimo se obtenga, será una poesía cerebral y fría que, no echará raíces y, por lo tanto, morirá enseguida, por muy bonita que esta sea. Por desgracia, para la poesía, hubo, hay y habrá muchos poetas, que sin ninguna virtud pasaron ayer, pasan hoy y pasarán mañana, por ser famosos. Esto sucede, en todas las profesiones de la vida."

Una vez terminó la explicación, se dieron cuenta que las ovejas estaban a cierta distancia, de donde se encontraban ellos. Viendo que se le podía perder alguna, se levantaron y, con paso decidido salieron a su encuentro, para volver a reunirlas. Lo que no sé, cuando terminó su disertación, como, Inmaculada, se pudo contener sin darle otro beso. ¿Qué mujer, cuándo está locamente enamorada, escucha sin inmutarse tantas palabras, qué para ella eran maravillosas, al salir de aquella boca que tanto deseaba? Es difícil, comprender a un hombre, (que por regla general tiene tan bajos instintos sexuales), que no la cogiera, entre sus brazos, y se la comiera a besos, sabiendo que contaba su consentimiento.

A nadie le puede caber en la cabeza un caso semejante. En este hecho, está el valor supremo de un hombre, hombre, aunque para muchos otros, sea un idiota, para otros ridículo y, para los demás un pasmado, sin comprender que así debe ser el verdadero hombre, ya que en el dominio de si mismo está la virilidad. Caer ante lo que nos gusta, no tiene ningún mérito. El mérito está en resistir las tentaciones, ¿qué hombre, cuando le falta la voluntad, consigue la felicidad?

Todas éstas, son cosas muy hipotéticas, que no se pueden comprender si no se llevan dentro. Cada persona obra a razón de lo que es y, tales acciones hay que sentirlas en lo más hondo, sino sobran las explicaciones. Casi sin darse cuenta llegaron al cortijo y de nuevo se volvieron a decir hasta mañana.

Lo que, Inmaculada, nunca hubiese llegado a sospechar, es que su novio la estaba esperando en la ciudad, para poder contar con su ayuda, en la decoración del piso que les había de servir de nido de amor. Aquella noticia cayó, como una bomba, sobre Inmaculada. Furiosa, como una loba, se enfrentó a sus padres y con todos los que se le pusieron por delante. Ella era ella y, por lo tanto, a nadie le tenía que dar explicaciones, si de se tenía o no que marchar. De la resolución que tomase, a este respecto, ella era la que debía de decidirla, porque a nadie le importaba más. Se consideraba un ser humano y no había nadie sobre la tierra que pudiese influir en su manera de tomar sus decisiones, para resolver sus propios problemas sentimentales.

Nadie puede presumir, de la que allí se armó. Sólo me limitaré a decirles; que a pesar de todas las amenazas, por parte de sus padres, ella en un arranque de enajenación, logró marchase a dormir donde estaba a Bruno.

Sus padres, con Inmaculada, debían de haber salido al otro día, para la ciudad, y no pudieron hacerlo.

Tuvieron que estar otros doce días, tratando de convencerla. Pero como no había fuerza humana capaz de hacerlo, se tuvieron que marchar dejándola. Ella hacía vida con Bruno, como había prometido, y su madre, que se quedó para pro-protegerla, una vez se marchaba el pastor con las ovejas, entraba en la casa, a conocer que le había sucedido. A pesar de encontrarla durmiendo, en el poyo de enfrente de donde lo hacía Bruno, y estar muchos días medio desnuda, su camisón sé encontraba limpio de manchas de sangre, y por lo tanto ella sin pecado.

Inmaculada, (que tenía el título de maestra nacional), terminó por contraer matrimonio, con su Bruno amado. Luego he sabido, (que como el servicio nacional del trigo lo recoge todo), hicieron en el granero una escuela, para ensañar en ella a los treinta niños de los alrededores que, por su aislamiento, estaban condenados a ser analfabetos. Los que vivían cerca, todas las noches los llevaban a sus casas, por el contrario, los que estaban lejos, se quedaban allí toda la semana, para ir hacerlo los domingos.

Fácilmente, se comprende, que esto es una gota de agua en un Océano, pero no pensaban en la repercusión, que en sí aquella idea podía tener. Era más el fin por el cual se hacía, ya que si se quiere ser feliz, hay que dedicarse hacer algo humano, por muy pequeño que esto sea, siempre encontrará un eco favorable en la conciencia, redimiendo, al que hace una obra de caridad, de ser un desdichado.

FIN

www.ingramcontent.com/pod-product-compliance
Lightning Source LLC
Chambersburg PA
CBHW060241050426

42448CB00009B/1539